새로운 도서, 다양한 자료 동양북스 홈페이지에서 만나보세요!

www.dongyangbooks.com
m.dongyangbooks.com

홈페이지 도서 자료실에서 학습자료 및 MP3 무료 다운로드

PC

❶ 홈페이지 접속 후 도서 자료실 클릭
❷ 하단 검색 창에 검색어 입력
❸ MP3, 정답과 해설, 부가자료 등 첨부파일 다운로드
* 원하는 자료가 없는 경우 '요청하기' 클릭!

MOBILE

* 반드시 '인터넷, Safari, Chrome' App을 이용하여 홈페이지에 접속해주세요. (네이버, 다음 App 이용 시 첨부파일의 확장자명이 변경되어 저장되는 오류가 발생할 수 있습니다.)

❶ 홈페이지 접속 후 ☰ 터치

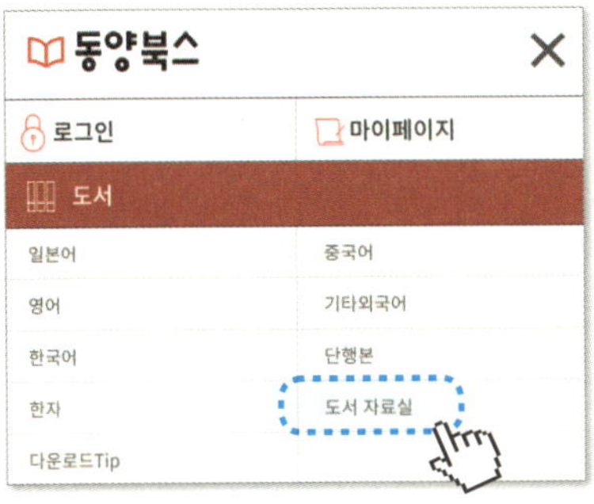

❷ 도서 자료실 터치

❸ 하단 검색창에 검색어 입력
❹ MP3, 정답과 해설, 부가자료 등 첨부파일 다운로드
* 압축 해제 방법은 '다운로드 Tip' 참고

미래와 통하는 책

가장 쉬운 독학
일본어 첫걸음
14,000원

버전업! 굿모닝
독학 일본어 첫걸음
14,500원

일단 합격하고 오겠습니다
JLPT 일본어능력시험 N3
26,000원

일본어 100문장 암기하고
왕초보 탈출하기
13,500원

가장 쉬운 독학
중국어 첫걸음
14,000원

가장 쉬운 중국어
첫걸음의 모든 것
14,500원

일단 합격 新HSK
한 권이면 끝! 4급
24,000원

중국어
지금 시작해
14,500원

영어를 해석하지 않고
읽는 법
15,500원

미국식
영작문 수업
14,500원

세상에서 제일 쉬운
10문장 영어회화
13,500원

영어회화
순간패턴 200
14,500원

가장 쉬운 독학
베트남어 첫걸음
15,000원

가장 쉬운 독학
프랑스어 첫걸음
16,500원

가장 쉬운 독학
스페인어 첫걸음
15,000원

가장 쉬운 독학
독일어 첫걸음
17,000원

두근두근 스토리가 있는

일본어뱅크

톡톡
トクトク

도모다찌

강경자 · 정희순 · 유혜경 · 박영숙 · 오오타 마나부(김학구) 지음

STEP 2

동양북스

두근두근 스토리가 있는
일본어뱅크 톡톡 도모다찌 STEP 2

초판 12쇄 | 2020년 10월 5일

지은이 | 강경자, 정희순, 유혜경, 박영숙, 오오타 마나부(김학구)
발행인 | 김태웅
편 집 | 길혜진, 이선민
일러스트 | Illustrong, 스위치
디자인 | 정혜미, 남은혜
마케팅 | 나재승
제 작 | 현대순

발행처 | 동양북스
등 록 | 제 2014-000055호
주 소 | 서울시 마포구 동교로22길 14 (04030)
구입 문의 | 전화 (02)337-1737 팩스 (02)334-6624
내용 문의 | 전화 (02)337-1762 dybooks2@gmail.com

ISBN 978-89-8300-892-3 14730
978-89-8300-890-9 14730(세트)

머리말

새로운 시대에 필요한 새로운 언어 감각!!

시대의 흐름에 따라 변하는 것이 많이 있지만 무엇보다 민감한 변화는 우리들의 언어생활이라고 여겨집니다.

사람들의 관심과 언어 표현은 끊임없이 변하며, 이러한 변화하는 시대의 분위기 속에서 뛰어난 외국어 실력을 갖춘다는 것은 그 시대의 아이콘이 되는 톡톡 튀는 표현을 유감없이 발휘할 수 있는 언어 감각을 가진다는 것일 것입니다. 이 교재는 이러한 문제의식 속에 집필되었습니다.

일반적으로 트렌디한 소재로 재미있게 전개되는 학습서는 지나치게 재미 위주로 편중되어 있어 학습서로는 부족하거나, 시험 대비를 위한 학습서는 너무 딱딱한 수험서 느낌의 책으로 집필되어서 재미있게 공부하며 시험 대비를 할 수 있는 책은 참으로 드문 것 같습니다.

어떻게 하면 재미있게 트렌디한 감각으로 실용 일본어를 재미있게 배우되 문법과 어휘, 청취와 독해 능력까지 골고루 배양하여 시험 대비를 위한 실력까지 갖출 수 있는 교재를 제공해 줄 수 있을까? 하는 문제의식의 출발이 이 교재의 집필 동기라 할 수 있습니다.

이 교재는 톡톡 튀는 트렌디한 감각을 생생하고 현실감 넘치는 스토리를 통해 배우고, 꼼꼼하게 문법과 어휘, 청취 감각을 체크하는 시험 대비 코너도 갖추고 있어 재미와 실용성, 감각과 실력의 두 마리 토끼를 다 잡을 수 있습니다. 일본어를 배우는 자나 가르치는 자 모두에게 만족감을 주는 책이 될 것입니다.

아무쪼록 이 교재를 통해 일본어를 배우게 되는 모든 사람에게 누구보다도 뛰어난 일본어 감각과 실력을 배양하는 데 조금도 부족함이 없는 자그마한 도구로 쓰이길 소망합니다.

이 교재가 출간되기까지 최고의 교재를 위해 최선의 열정을 아낌없이 쏟아주신 동양북스 일본어팀 및 여러 관계자 여러분들께 깊은 감사를 드리며…….

저자 일동

이 책의 구성

도입

우선 각 과에 대한 학습 목표를 확인하고 이어지는 대화문을 쉽게 이해할 수 있도록 대화 상황을 간략한 만화로 제시했습니다. 초기 단계부터 부담 없이 재미있게 일본어 학습을 시작할 수 있습니다.

톡톡 회화

일상 일본어 회화를 바탕으로 실용적이고 자연스러운 대화문을 구성하였습니다. 기존 교재와 달리 각 등장인물의 성격이 엿보이는 즐겁고 재미있는 내용으로 일본어 학습에 대한 흥미나 동기를 갖게 해 줍니다.

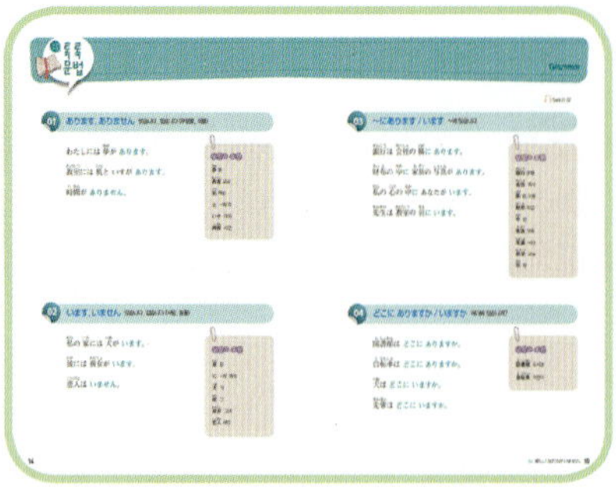

톡톡 문법

톡톡 회화에서 나오는 주요 문법 사항을 정리하여 제시하였습니다. 해당 문법을 활용한 예문도 다양하게 실어서 문법에 대한 이해를 도와줍니다.

톡톡 패턴

톡톡 문법에 나온 주요 문법을 중심으로 문형 연습을 구성하였습니다. 이 톡톡 패턴에서는 배운 문법을 토대로 실제 응용 연습을 통해 일본어의 기초를 탄탄히 다지고, 바로 실제 회화에서 쓸 수 있도록 도와줍니다.

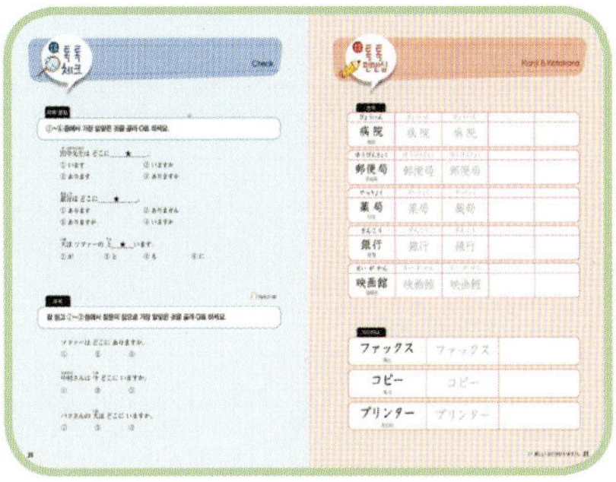

톡톡 체크

각 과에 나오는 주요 어휘와 문법을 중심으로 연습 문제를 실었습니다. '어휘 · 문법'과 '청취'의 유형별로 나누어져 있어서 각종 일본어 시험의 기초 실력을 키울 수 있습니다.

톡톡 펜맨십

각 과에 나오는 주요 어휘 중 기본 한자 단어, 가타카나 단어를 직접 쓰며 확인할 수 있습니다.

톡톡 어휘

각 과에 관련된 어휘를 그림과 같이 다양하게 제시하였습니다. 어휘를 충분히 익힌 후, 각 과에서 배웠던 문법 사항을 활용한 확장 연습도 가능합니다.

부록

톡톡 회화의 한국어 해석, 문법 사항을 쉽게 찾을 수 있는 색인, 톡톡 패턴의 정답 그리고 톡톡 체크의 각 정답과 청취 스크립트를 수록하였습니다.

★ 음성 녹음 MP3 CD, 워크북 별책

본문 내용을 녹음한 MP3 CD, 각 과의 톡톡 패턴과 톡톡 펜맨십을 직접 쓰고 연습할 수 있도록 워크북을 수록하였습니다.

Talk

목차

머리말 · 03

이 책의 구성 · 04

목차 · 06

이 책의 학습 구성표 · 08

등장인물 소개 · 11

unit 01 親(した)しい 友(とも)だちが いますか。 · 12

친한 친구가 있습니까?

unit 02 毎日(まいにち) 図書館(としょかん)で 勉強(べんきょう)を しますか。 · 24

매일 도서관에서 공부를 합니까?

unit 03 コンサートに 行(い)きませんか。 · 40

콘서트에 가지 않겠습니까?

unit 04 どんな 人(ひと)に なりたいですか。 · 52

어떤 사람이 되고 싶습니까?

unit 05 ちょっと 助(たす)けて ください。 · 64

좀 도와주세요.

Contents

unit 06 着物(きもの)を 着(き)て いる 方(かた)は お母(かあ)さんですか。 · 78
기모노를 입고 있는 분은 어머님이십니까?

unit 07 約束(やくそく)の 時間(じかん)に 遅(おく)れても いいですか。 · 92
약속시간에 늦어도 됩니까?

unit 08 中国(ちゅうごく)に 行(い)った ことが ありますか。 · 106
중국에 간 적이 있습니까?

unit 09 真面目(まじめ)に 仕事(しごと)を したら どうですか。 · 122
성실하게 일하는 게 어떨까요?

unit 10 怒(おこ)らないで ください。 · 134
화내지 말아 주세요.

부록

톡톡 회화 해석 · 150
톡톡 패턴 정답 · 154
톡톡 체크 정답 및 청취 스크립트 · 161
톡톡 문법 색인 · 167

이 책의 학습 구성표

unit	과 제목	학습 목표	문법 및 표현
unit 01	**親しい 友だちが いますか。** 친한 친구가 있습니까?	존재 유무 표현과 위치, 장소 표현 익히기	01 あります, ありません 있습니다, 없습니다 (무생물, 식물) 02 います, いません 있습니다, 없습니다 (사람, 동물) 03 ～に あります / います ～에 있습니다 04 どこに ありますか / いますか 어디에 있습니까? 05 위치관련 어휘
unit 02	**毎日 図書館で 勉強を しますか。** 매일 도서관에서 공부를 합니까?	동사의 ます형 익히기	01 동사의 ます 활용 ① 1그룹 동사의 ます형 ② 2그룹 동사의 ます형 ③ 3그룹 동사의 ます형 02 ～ます ～입니다 03 ～ません ～하지 않습니다 04 ～ました ～했습니다 05 ～ませんでした ～하지 않았습니다 06 조사 ① を ～을, ～를(목적의 대상) ② に ～으로, ～에(시간, 귀착점, 대상) ③ で ～에서(장소), ～으로(수단) ④ へ ～으로, ～에(방향) ⑤ と ～와, ～과
unit 03	**コンサートに 行きませんか。** 콘서트에 가지 않겠습니까?	목적과 권유 표현 익히기	01 ～に ～하러 ① 명사 : (동작성) 명사 + に ② 동사 : ます형 + に 02 동사ます형 ませんか ～지 않겠습니까? 03 ～に ～ませんか ～하러 ～지 않겠습니까? 04 ます형 + ましょう ～합시다 05 ～に ～ましょうか ～러 ～ㄹ까요?
unit 04	**どんな 人に なりたいですか。** 어떤 사람이 되고 싶습니까?	소원 표현 익히기	01 ます형 たい ～고 싶다 02 ます형 たくない ～고 싶지 않다 03 なりたい 되고 싶다 ① 명사 に なりたい ～이/가 되고 싶다 ② な형용사 어간 に なりたい ～게 되고 싶다 ③ い형용사 어간 く なりたい ～게 되고 싶다 04 ほしい 갖고 싶다

unit	과 제목	학습 목표	문법 및 표현
unit 05	**ちょっと 助(たす)けて ください。** 좀 도와주세요.	동사의 て형과 현재 진행형 및 순서 표현 익히기	01 동사て ~고, ~서(동사て형) ① 1그룹 동사의 て형 ② 2그룹 동사의 て형 ③ 3그룹 동사의 て형 02 동사てから ~고 나서 03 동사て ください ~해 주세요 04 동사て います ~고 있습니다 (동작의 진행)
unit 06	**着物(きもの)を 着(き)て いる 方(かた)は お母(かあ)さんですか。** 기모노를 입고 있는 분은 어머님이십니까?	가족 소개와 여러 상태 표현 익히기	01 동사 て います ~고 있습니다 (상태) ① 착용, 자세, 표정 등의 상태 ② 거주지, 직업, 결혼 유무 등 여러 상태 ③ 날씨, 사물의 상태 02 동사 て いる 명사 ~고 있는~ 03 가족 소개 ① 나의 가족 자신의 가족을 남에게 말할 때 가족끼리 자기 가족을 부를 때 ② 남의 가족 04 何人家族(なんにんかぞく) 몇 인 가족
unit 07	**約束(やくそく)の 時間(じかん)に 遅(おく)れても いいですか。** 약속시간에 늦어도 됩니까?	허가, 금지 표현 익히기	01 ても いいです, ても かまいません ~해도 좋습니다, ~해도 상관없습니다, 개의치 않습니다 ① 동사 て형 + も いいです, も かまいません ② い형용사 어간 + くても いいです, くても かまいません ③ な형용사 어간 + でも いいです, でも かまいません ④ 명사 + でも いいです, でも かまいません 02 ては いけません, ては だめです ~해서는 안 됩니다 ① 동사 て형 + は いけません, は だめです ② い형용사 어간 + くては いけません, くては だめです ③ な형용사 어간 + では いけません, では だめです ④ 명사 + では いけません, では だめです 03 동사 て みる ~해보다

이 책의 학습 구성표

unit	과 제목	학습 목표	문법 및 표현
unit 08	**中国に 行った ことが ありますか。** 중국에 간 적이 있습니까?	각 품사의 과거형 및 경험과 나열 표현 익히기	01 각 품사의 た형(과거형) ① 동사의 た형 ② い형용사의 어간 + かった ③ な형용사의 어간 + だった 02 동사 た형 ことが あります/ ありません ~ㄴ 적이 있습니다/없습니다 03 동사 た형 たり、た형 たり します ~거나, ~거나 합니다 ① 동사 ② い형용사 ③ な형용사 ④ 명사 04 ~から ~때문에, ~이니까 05 ~し~ ~고~
unit 09	**真面目に 仕事を したら どうですか。** 성실하게 일하는 게 어떨까요?	권유 제안 표현 익히기	01 동사 た형 たら いいですか ~하면 됩니까? 02 동사 た형 たら どうですか ~하는 게 어떨까요? 03 동사 た형 た 方が いい(です) ~하는 편이 좋다(좋습니다) 04 동사 ます형 ながら ~면서(동시 동작) 05 ~と 思います ~라고 생각합니다
unit 10	**怒らないで ください。** 화내지 말아 주세요.	각 품사의 부정형과 부정형과 관련된 표현 익히기	01 각 품사의 부정형(ない형) ① 동사의 부정형 ② 명사의 부정형 : 명사 + では(じゃ) ない ③ い형용사의 부정형 : い형용사 어간 + く ない ④ な형용사의 부정형 : な형용사 어간 + では(じゃ) ない 02 동사 ないで ~지 않고, ~지 말고 03 동사 ないで ください ~지 말아 주세요 04 동사 ない 方が いい ~지 않는 편이 좋다 05 동사 て しまう(ちゃう) ~고 말다, ~해 버리다

등장 인물 소개

등장 인물

나카무라 미카(中村美香)

일본인 회사원.
현재 한국, 서울 지사에 근무 중
한류와 쇼핑에 열광하고
패션과 미용에 관심 많은 20대.
직선적이고 쿨한 성격.

이준수(イ・ジュンス)

한국인 학생.
취업을 준비하는 대학교 4학년.
미카와 준수는 일본에 어학연수
갔을 때 알게 된 사이.
성실하고 진지하며,
취업으로 고민하고 있다.
아려의 짝사랑의 대상.

김주원(キム・ジュウォン)

한국인 회사원. 이준수의 선배.
회사 생활에 흥미를 느끼지 못하고
늘 피곤에 겨워하고 있다.
이직에 관심이 많고
미카에게 마음이 있으나
워낙 존재감이 없음.

왕아려(ワン・アリョ)

착하고 귀여운 여동생 스타일의
중국인 유학생. 대학교 1학년.
세련된 미카를 친언니처럼 따르며
동경한다. 이준수 선배앓이.
통통한 몸매에
콤플렉스를 느끼고 있다.
실은 북경 갑부의 외동딸.

unit 01

親(した)しい 友(とも)だちがいますか。

친한 친구가 있습니까?

학습목표 존재 유무 표현과 위치, 장소 표현 익히기

トクトク 톡톡 회화 Dialogue

Track 01-01

美香(みか)　アリョさん、ケータイの この 人(ひと)は だれですか。

アリョ　あ、この 写真(しゃしん)ですか。

中国(ちゅうごく)の 幼(おさな)なじみで、私(わたし)の ベストフレンドです。

美香(みか)　すてきな 友(とも)だちですね。

韓国(かんこく)にも 親(した)しい 友(とも)だちが いますか。

アリョ　いいえ、まだ 親(した)しい 友(とも)だちは いません。

さびしくて、ときどき イ先輩(せんぱい)の ケータイが うらやましいです。

美香(みか)　ケータイが うらやましい?

アリョ　いつも イ先輩(せんぱい)の そばに あるじゃないですか。

美香(みか)　フフフ。アリョさん、本当(ほんとう)に かわいいですね。

낱말과 표현

ケータイ 휴대전화
この 이
人(ひと) 사람
だれ 누구
写真(しゃしん) 사진
中国(ちゅうごく) 중국
幼(おさな)なじみ 소꿉친구
～で ~이고
ベストフレンド 베스트 프렌드, 절친

すてきだ 멋지다
友(とも)だち 친구
～にも ~에도
親(した)しい 친하다
まだ 아직
いません 없습니다
さびしい 쓸쓸하다
ときどき 때때로
うらやましい 부럽다

いつも 언제나
そば 옆, 곁
ある 있다
じゃないですか ~지 않습니까
フフフ 후후후
本当(ほんとう)に 정말로
かわいい 귀엽다

トクトク 토독 문법

01 あります, ありません 있습니다, 없습니다 (무생물, 식물)

私(わたし)には 夢(ゆめ)が あります。

教室(きょうしつ)には 机(つくえ)と いすが あります。

時間(じかん)が ありません。

낱말과 표현

- 夢(ゆめ) 꿈
- 教室(きょうしつ) 교실
- 机(つくえ) 책상
- ～と ~와/과
- いす 의자
- 時間(じかん) 시간

02 います, いません 있습니다, 없습니다 (사람, 동물)

私(わたし)の 家(いえ)には 犬(いぬ)が います。

彼(かれ)には 彼女(かのじょ)が います。

恋人(こいびと)は いません。

낱말과 표현

- 家(いえ) 집
- ～に ~에, 에게
- 犬(いぬ) 개
- 彼(かれ) 그
- 彼女(かのじょ) 그녀
- 恋人(こいびと) 애인

Track 01-02

03 ～に あります / います ～에 있습니다

銀行(ぎんこう)は 会社(かいしゃ)の 隣(となり)に あります。

財布(さいふ)の 中(なか)に 家族(かぞく)の 写真(しゃしん)が あります。

私(わたし)の 心(こころ)の 中(なか)に あなたが います。

先生(せんせい)は 教室(きょうしつ)の 前(まえ)に います。

낱말과 표현

銀行(ぎんこう) 은행
会社(かいしゃ) 회사
隣(となり) 옆, 이웃
財布(さいふ) 지갑
中(なか) 안
家族(かぞく) 가족
写真(しゃしん) 사진
教室(きょうしつ) 교실
前(まえ) 앞

04 どこに ありますか / いますか 어디에 있습니까?

図書館(としょかん)は どこに ありますか。

自転車(じてんしゃ)は どこに ありますか。

犬(いぬ)は どこに いますか。

先輩(せんぱい)は どこに いますか。

낱말과 표현

図書館(としょかん) 도서관
自転車(じてんしゃ) 자전거

トク 톡톡 문법

Grammar

Track 01-02

05 위치관련 어휘

上(うえ)	下(した)	前(まえ)	後(うし)ろ
위	밑, 아래	앞	뒤

中(なか)	真(ま)ん中(なか)	右(みぎ)	左(ひだり)
안	한가운데	오른쪽	왼쪽

近(ちか)く	周(まわ)り	横(よこ)	隣(となり)	そば
근처	주위	옆	이웃	곁

토톡 패턴 Pattern practice

Track 01-03

A 보기와 같이 연습해 보세요.

보기

パソコン·机(つくえ)の 上(うえ)

A : パソコンは どこに ありますか。

B : パソコンは 机(つくえ)の 上(うえ)に あります。

1. いすは どこに ありますか。 — 机(つくえ)の 前(まえ)
2. ファックスは どこに ありますか。 — 机(つくえ)の 横(よこ)
3. コピー機(き)は どこに ありますか。 — ファックスの 後(うし)ろ
4. プリンターは どこに ありますか。 — パソコンの 右(みぎ)

낱말과 표현

パソコン 컴퓨터	いす 의자	コピー機(き) 복사기
机(つくえ) 책상	ファックス 팩스	プリンター 프린터

トクトク 톡톡 패턴

Track 01-04

B

보기

コンビニの 前(まえ)

A : 郵便局(ゆうびんきょく)は どこに ありますか。

B : 郵便局(ゆうびんきょく)は コンビニの 前(まえ)に あります。

1. 銀行(ぎんこう)は どこに ありますか。　　郵便局(ゆうびんきょく)の 隣(となり)
2. 薬局(やっきょく)は どこに ありますか。　　病院(びょういん)の 後(うし)ろ
3. デパートは どこに ありますか。　　病院(びょういん)の 向(む)かい
4. コンビニは どこに ありますか。　　銀行(ぎんこう)の 近(ちか)く

낱말과 표현

郵便局(ゆうびんきょく) 우체국
コンビニ 편의점
前(まえ) 앞
銀行(ぎんこう) 은행
隣(となり) 옆, 이웃
薬局(やっきょく) 약국
病院(びょういん) 병원
後(うし)ろ 뒤
デパート 백화점
向(む)かい 맞은편

Pattern practice

Track 01-05

C

보기

店員(てんいん)・ドアの 前(まえ)

A : 店員(てんいん)は どこに いますか。

B : 店員(てんいん)は ドアの 前(まえ)に います。

1. 中村(なかむら)さんは どこに いますか。　　イさんの そば
2. アリョさんは どこに いますか。　　中村(なかむら)さんの 前(まえ)
3. 犬(いぬ)は どこに いますか。　　アリョさんの 横(よこ)
4. 猫(ねこ)は どこに いますか。　　ソファーの 上(うえ)

낱말과 표현

店員(てんいん) 점원	犬(いぬ) 개	ソファー 소파
ドア 문	横(よこ) 옆	上(うえ) 위
そば 곁, 옆	猫(ねこ) 고양이	

トクトク 톡톡 체크 Check

어휘·문법

①~④중에서 가장 알맞은 것을 골라 O표 하세요.

1 田中先生(たなかせんせい)は どこに＿＿★＿＿。

① います　　② いますか

③ あります　　④ ありますか

2 銀行(ぎんこう)は どこに＿＿★＿＿。

① あります　　② ありません

③ ありますか　　④ いますか

3 犬(いぬ)は ソファーの 上(うえ)＿★＿います。

① が　　② と　　③ も　　④ に

청취

Track 01-06

잘 듣고 ①~③중에서 질문의 답으로 가장 알맞은 것을 골라 O표 하세요.

1 ソファーは どこに ありますか。

①　　②　　③

2 中村(なかむら)さんは 今(いま) どこに いますか。

①　　②　　③

3 パクさんの 犬(いぬ)は どこに いますか。

①　　②　　③

トクトク 톡톡 펜맨십

Kanji & Katakana

한자

びょういん	びょういん	びょういん		
病院 병원	病院	病院		
ゆうびんきょく	ゆうびんきょく	ゆうびんきょく		
郵便局 우체국	郵便局	郵便局		
やっきょく	やっきょく	やっきょく		
薬局 약국	薬局	薬局		
ぎんこう	ぎんこう	ぎんこう		
銀行 은행	銀行	銀行		
えいがかん	えいがかん	えいがかん		
映画館 영화관	映画館	映画館		

가타카나

ファックス 팩스	ファックス	
コピー 복사	コピー	
プリンター 프린터	プリンター	

어디에 있습니까?

Track 01-07

보기

그림을 보면서 다음과 같이 이야기해 보세요.

A : 美容院(びよういん)は どこに ありますか。

B : 病院(びょういん)の 隣(となり)に あります。

① 美容院(びよういん) 미용실

② 病院(びょういん) 병원

③ 学院(がくいん) 학원

④ 地下鉄駅(ちかてつえき) 지하철역

⑤ 銀行(ぎんこう) 은행

⑥ スーパー 슈퍼

⑦ コーヒーショップ 커피숍

⑧ バス停(てい) 버스 정류장

⑨ 食堂(しょくどう) 식당

⑩ パン屋(や) 제과점

⑪ クリーニング屋(や) 세탁소

⑫ 不動産屋(ふどうさんや) 부동산

⑬ 八百屋(やおや) 채소 가게

⑭ 文房具屋(ぶんぼうぐや) 문방구점

⑮ コンビニ 편의점

⑯ 小学校(しょうがっこう) 초등학교

⑰ 幼稚園(ようちえん) 유치원

⑱ 公園(こうえん) 공원

톡톡 어휘

unit 02

毎日(まいにち) 図書館(としょかん)で 勉強(べんきょう)を しますか。

매일 도서관에서 공부를 합니까?

학습목표 동사의 ます형 익히기

トクトク 톡톡 회화

Dialogue

Track 02-01

アリョ　先輩(せんぱい)、先輩(せんぱい)は いつも 授業(じゅぎょう)の 後(あと) どこに 行(い)きますか。

ジュンス　普通(ふつう) 図書館(としょかん)に 行(い)くよ。

アリョ　毎日(まいにち) 図書館(としょかん)で 何(なに)を しますか。

ジュンス　うん、試験勉強(しけんべんきょう)や レポート、ネット検索(けんさく)とかね。
図書館(としょかん)は 快適(かいてき)で いろいろと 便利(べんり)だよ。

アリョ　そうですか。じゃ、私(わたし)も 今日(きょう)から 図書館(としょかん)に 行(い)きます。

ジュンス　そう？ じゃ、僕(ぼく)が 案内(あんない)するよ。

アリョ　本当(ほんとう)ですか。ありがとうございます。

낱말과 표현

いつも 항상
授業(じゅぎょう) 수업
後(あと) 후
どこ 어디
行(い)く 가다
普通(ふつう) 보통
図書館(としょかん) 도서관
毎日(まいにち) 매일
～で ~에서
何(なに) 무엇
～を ~을, 를
する 하다
試験勉強(しけんべんきょう) 시험 공부
～や ~이나, ~이랑
レポート (대학 등의) 리포트
ネット検索(けんさく) 인터넷 검색
快適(かいてき)だ 쾌적하다
いろいろと 여러 가지로
便利(べんり)だ 편리하다
～も ~도
今日(きょう) 오늘
～から ~부터
僕(ぼく) 나, 저(남성어)
案内(あんない)する 안내하다

톡톡 문법

01 동사의 ます 활용

① 1그룹 동사의 ます형

어미인 う단을 い단으로 바꾸고 ます를 접속한다.

기본형		ます형			
会(あ)う	만나다	会(あ)い ＋ ます	→	会(あ)います	만납니다
書(か)く	쓰다	書(か)き ＋ ます	→	書(か)きます	씁니다
泳(およ)ぐ	헤엄치다	泳(およ)ぎ ＋ ます	→	泳(およ)ぎます	헤엄칩니다
話(はな)す	이야기하다	話(はな)し ＋ ます	→	話(はな)します	이야기합니다
待(ま)つ	기다리다	待(ま)ち ＋ ます	→	待(ま)ちます	기다립니다
死(し)ぬ	죽다	死(し)に ＋ ます	→	死(し)にます	죽습니다
遊(あそ)ぶ	놀다	遊(あそ)び ＋ ます	→	遊(あそ)びます	놉니다
読(よ)む	읽다	読(よ)み ＋ ます	→	読(よ)みます	읽습니다
降(ふ)る	내리다	降(ふ)り ＋ ます	→	降(ふ)ります	내립니다

cf. 예외 동사

기본형		ます형			
入(はい)る	들어오/가다	入(はい)り ＋ ます	→	入(はい)ります	들어옵/갑니다
帰(かえ)る	돌아오/가다	帰(かえ)り ＋ ます	→	帰(かえ)ります	돌아옵/갑니다

Track 02-02

② 2그룹 동사의 ます형

어간 +ます의 형태, 어미 る를 없애고 ます를 접속한다.

기본형		ます형				
見(み)る	보다	見(み) + ます	→	見(み)ます	봅니다
起(お)きる	일어나다	起(お)き + ます	→	起(お)きます	일어납니다
食(た)べる	먹다	食(た)べ + ます	→	食(た)べます	먹습니다
寝(ね)る	자다	寝(ね) + ます	→	寝(ね)ます	잡니다

③ 3그룹 동사의 ます형

3그룹 동사는 변격동사로서 불규칙 동사이다.

기본형		ます형	
来(く)る	오다	来(き)ます	옵니다
する	하다	します	합니다

トクトク 톡톡 문법

02 ～ます ～입니다

明日(あした) 車(くるま)で 行(い)きます。

動画(どうが)を 見(み)ます。

ホームページに ログインします。

낱말과 표현

明日(あした) 내일

車(くるま) 차, 자동차

行(い)く 가다

動画(どうが) 동영상

見(み)る 보다

ホームページ 홈페이지

ログイン 로그인

03 ～ません ～하지 않습니다

タバコは 吸(す)いません。

朝(あさ)ごはんは 食(た)べません。

欠席(けっせき)は しません。

낱말과 표현

タバコ 담배

吸(す)う 피우다

朝(あさ)ごはん 아침 식사

食(た)べる 먹다

欠席(けっせき) 결석

Grammar

Track 02-02

04 ～ました ～했습니다

コンサートに 行(い)きました。

今日(きょう)は 朝早(あさはや)く 起(お)きました。

昨日(きのう) 友(とも)だちと いっしょに 映画(えいが)を 見(み)ました。

낱말과 표현

コンサート 콘서트
今日(きょう) 오늘
朝早(あさはや)く 아침 일찍
起(お)きる 일어나다
昨日(きのう) 어제
～と ~와/과
いっしょに 같이
映画(えいが) 영화

05 ～ませんでした ～하지 않았습니다

お酒(さけ)を 飲(の)みませんでした。

* 全然(ぜんぜん) 知(し)りませんでした。

宿題(しゅくだい)を しませんでした。

낱말과 표현

お酒(さけ) 술
飲(の)む 마시다
全然(ぜんぜん) 전혀
知(し)る 알다
宿題(しゅくだい) 숙제

톡톡 문법

06 조사

① を ~을, ~를 (목적의 대상)

新聞(しんぶん)を 読(よ)みます。

ラーメンを 食(た)べました。

낱말과 표현

新聞(しんぶん) 신문

読(よ)む 읽다

ラーメン 라면

食(た)べる 먹다

② に ~으로, ~에 (시간, 귀착점, 대상)

7時(じ)に 起(お)きました。

学校(がっこう)に 行(い)きます。

＊ 先生(せんせい)に 会(あ)いました。

＊ 電車(でんしゃ)に 乗(の)りました。

낱말과 표현

7時(じ) 7시

起(お)きる 일어나다

学校(がっこう) 학교

行(い)く 가다

先生(せんせい) 선생님

会(あ)う 만나다

電車(でんしゃ) 전철

乗(の)る 타다

Grammar

Track 02-02

③ で　~에서 (장소), ~으로 (수단)

ボールペンで 書(か)きます。

日本語(にほんご)で 話(はな)します。

図書館(としょかん)で 勉強(べんきょう)します。

낱말과 표현

ボールペン 볼펜

書(か)く 쓰다

日本語(にほんご) 일본어

話(はな)す 말하다

図書館(としょかん) 도서관

勉強(べんきょう)する 공부하다

④ へ　~으로, ~에 (방향)

昨日(きのう) デパートへ 行(い)きました。

アメリカへ 行(い)きます。

낱말과 표현

昨日(きのう) 어제

デパート 백화점

アメリカ 미국

トク 톡톡 문법 Grammar

Track02-02

⑤ と ~와, ~과

友(とも)だちと いっしょに ご飯(はん)を 食(た)べました。

ペットと 散歩(さんぽ)を しました。

낱말과 표현

- 友(とも)だち 친구
- いっしょに 같이
- ご飯(はん) 밥
- 食(た)べる 먹다
- ペット 애완동물
- 散歩(さんぽ) 산책

톡톡 패턴 Pattern practice

Track02-03

A 보기와 같이 연습해 봅시다.

보기

A：明日(あした) 学校(がっこう)に 行(い)きますか。

B：はい、行(い)きます。

いいえ、行(い)きません。

明日(あした) 学校(がっこう)に 行(い)く

1 タバコを 吸(す)う

2 手紙(てがみ)を 書(か)く

3 海(うみ)で 泳(およ)ぐ

4 薬(くすり)を 飲(の)む

5 ニュースを 見(み)る

6 毎日(まいにち) 散歩(さんぽ)する

낱말과 표현

明日(あした) 내일
学校(がっこう)に 行(い)く 학교에 가다
タバコを 吸(す)う 담배를 피우다
手紙(てがみ)を 書(か)く 편지를 쓰다
海(うみ)で 泳(およ)ぐ 바다에서 헤엄치다
薬(くすり)を 飲(の)む 약을 먹다
ニュースを 見(み)る 뉴스를 보다
毎日(まいにち) 매일
散歩(さんぽ)する 산책하다

톡톡 패턴

B

Track02-04

보기

A：昨日(きのう) 映画(えいが)を 見(み)ましたか。

B：はい、見(み)ました。

いいえ、見(み)ませんでした。

映画(えいが)を見(み)る

1 友(とも)だちに 会(あ)う

2 料理(りょうり)を 作(つく)る

3 お風呂(ふろ)に 入(はい)る

4 試験(しけん)を 受(う)ける

5 アルバイトを する

6 日本語(にほんご)の 勉強(べんきょう)を する

낱말과 표현

- 昨日(きのう) 어제
- 映画(えいが)を 見(み)る 영화를 보다
- 友(とも)だちに 会(あ)う 친구를 만나다
- 料理(りょうり)を 作(つく)る 요리를 만들다
- お風呂(ふろ)に 入(はい)る 목욕하다
- 試験(しけん)を 受(う)ける 시험을 치르다
- アルバイト 아르바이트
- 勉強(べんきょう) 공부

Pattern practice

C

Track02-05

보기

A : 何(なに)を 食(た)べましたか。

B : ピザを 食(た)べました。

何(なに)を 食(た)べる · ピザ

1 何(なに)を 買(か)う · 本(ほん)

2 どこに 行(い)く · トイレ

3 何時(なんじ)に 帰(かえ)る · 9時(じ)

4 何(なに)を 見(み)る · 映画(えいが)

5 だれに 会(あ)う · 恋人(こいびと)

6 どこで 会う · 会社(かいしゃ)の 前(まえ)

낱말과 표현

何(なに) 무엇	行(い)く 가다	だれ 누구
買(か)う 사다	トイレ 화장실	前(まえ) 앞
どこ 어디	帰(かえ)る 돌아가다	

톡톡 체크 Check

어휘·문법

①~④중에서 가장 알맞은 것을 골라 O표 하세요.

1 図書館で 本を＿＿★＿＿。

① 読みます　② 行きます

③ 食べます　④ 飲みます

2 昨日 中村さん＿＿★＿＿会いました。

① を　② に　③ で　④ の

3 ご飯を＿＿★＿＿。

① 食べました　② 飲みました

③ 行きました　④ 遊びました

청취

Track 02-06

잘 듣고 ①~③중에서 질문의 답으로 가장 알맞은 것을 골라 O표 하세요.

1 明日 病院に 行きますか。

①　②　③

2 勉強を しましたか。

①　②　③

3 どこで 会いましたか。

①　②　③

톡톡 펜맨십

Kanji & Katakana

한자

あ う 会う 만나다	あ う 会う	あ う 会う		
い く 行く 가다	い く 行く	い く 行く		
か く 書く 쓰다	か く 書く	か く 書く		
はな す 話す 이야기하다	はな す 話す	はな す 話す		
ま つ 待つ 기다리다	ま つ 待つ	ま つ 待つ		
あそ ぶ 遊ぶ 놀다	あそ ぶ 遊ぶ	あそ ぶ 遊ぶ		

가타카나

ホームページ 홈페이지	ホームページ	
ログイン 로그인	ログイン	
アルバイト 아르바이트	アルバイト	

일상 생활 동사 표현

Track 02-07

보기

그림을 보면서 다음과 같이 이야기해 보세요.

A：朝(あさ)ごはんを 食(た)べましたか。

B：はい、食(た)べました。

いいえ、食(た)べませんでした。

朝早(あさはや)く 起(お)きる
아침 일찍 일어나다

顔(かお)を 洗(あら)う
얼굴을 씻다

歯(は)を 磨(みが)く
이를 닦다

化粧(けしょう)を する
화장을 하다

朝(あさ)ごはんを 食(た)べる
아침밥을 먹다

新聞(しんぶん)を 読(よ)む
신문을 읽다

톡톡 어휘

地下鉄(ちかてつ)に 乗(の)る
지하철을 타다

会社(かいしゃ)に 行(い)く
회사에 가다

仕事(しごと)を する
일하다

残業(ざんぎょう)する
잔업하다 (야근하다)

家(いえ)に 帰(かえ)る
집에 돌아가다

シャワーを 浴(あ)びる
샤워하다

テレビを 見(み)る
텔레비전을 보다

インターネットを する
인터넷을 하다

夜遅(よるおそ)く 寝(ね)る
밤늦게 자다

unit 03

コンサートに 行(い)きませんか。

콘서트에 가지 않겠습니까?

학습목표 목적과 권유 표현 익히기

トク トク 톡톡 회화

Dialogue

Track 03-01

ジュウォン 中村(なかむら)さん、今週(こんしゅう)の 土曜日(どようび)、コンサートに 行(い)きませんか。

美香(みか) 何(なん)の コンサートですか。

ジュウォン ロックコンサートです。韓国(かんこく)の 伝説的(でんせつてき)な 歌手(かしゅ)が いっぱい 出(で)ますよ。

美香(みか) でも、チケットが 高(たか)くないですか。

ジュウォン ハハハ、実(じつ)は 招待(しょうたい)イベントに 当(あ)たりました。
チケットは ただですよ。

美香(みか) すごーい!! じゃ、コンサートの 後(あと)、すてきな レストランで 食事(しょくじ)を しましょう。夕食(ゆうしょく)は 私(わたし)が おごりますよ。

ジュウォン じゃ、土曜日(どようび)の 午後(ごご)、中村(なかむら)さんの 家(いえ)に 迎(むか)えに 行(い)きましょうか。

美香(みか) それは ちょっと。コンサート 会場(かいじょう)の 前(まえ)で 会(あ)いましょう。

낱말과 표현

- 今週(こんしゅう) 이번 주
- 土曜日(どようび) 토요일
- コンサート 콘서트
- 何(なん)の 무슨
- ロック 록
- 伝説的(でんせつてき)だ 전설적이다
- いっぱい 많이
- 出(で)る 나오다
- でも 하지만
- チケット 티켓
- 高(たか)い 비싸다
- 実(じつ)は 실은
- 招待(しょうたい) 초대
- イベント 이벤트
- 当(あ)たる 당첨되다
- ただ 공짜
- すごい 굉장하다
- 後(あと) 후
- すてきだ 멋지다
- レストラン 레스토랑
- 食事(しょくじ) 식사
- 夕食(ゆうしょく) 저녁 식사
- おごる 한턱 쏘다
- 午後(ごご) 오후
- 家(いえ) 집
- 迎(むか)えに 行(い)く 마중가다
- 会場(かいじょう) 행사장

톡톡 문법

01 ～に ~하러

① 명사 : (동작성) 명사 + に

ドライブに 行(い)く。

食事(しょくじ)に 行(い)きます。

散歩(さんぽ)に 行(い)きます。

낱말과 표현

ドライブ 드라이브

行(い)く 가다

食事(しょくじ) 식사

散歩(さんぽ) 산책

② 동사 : ます형 + に

先生(せんせい)に 会(あ)いに 行(い)きます。

図書館(としょかん)に 本(ほん)を 借(か)りに 行(い)きます。

友(とも)だちと 遊(あそ)びに 来(き)ました。

낱말과 표현

会(あ)う 만나다

図書館(としょかん) 도서관

本(ほん) 책

借(か)りる 빌리다

友(とも)だち 친구

遊(あそ)ぶ 놀다

来(く)る 오다

Grammar

Track 03-02

02 동사 ます형 ませんか ~지 않겠습니까?

ちょっと 歩(ある)きませんか。

少(すこ)し 休(やす)みませんか。

お茶(ちゃ)でも しませんか。

낱말과 표현

ちょっと 잠깐, 잠시, 조금

歩(ある)く 걷다

少(すこ)し 조금

休(やす)む 쉬다

お茶(ちゃ) 차

~でも する ~라도 하다

03 ~に ~ませんか ~하러 ~지 않겠습니까?

ドライブに 行(い)きませんか。

野球(やきゅう)を 見(み)に 行(い)きませんか。

みんなで 遊(あそ)びに 行(い)きませんか。

낱말과 표현

野球(やきゅう) 야구

見(み)る 보다

みんな 모두

遊(あそ)ぶ 놀다

톡톡 문법 Grammar

Track 03-02

04 ます형 +ましょう ~합시다

一生懸命(いっしょうけんめい) 勉強(べんきょう)しましょう。

もう 少(すこ)し がんばりましょう。

来年(らいねん)の 春(はる) 結婚(けっこん)しましょう。

낱말과 표현

一生懸命(いっしょうけんめい) 열심히
勉強(べんきょう) 공부
もう少(すこ)し 조금 더
がんばる 분발하다
来年(らいねん) 내년
春(はる) 봄
結婚(けっこん) 결혼

05 ~に ~ましょうか ~러 ~ㄹ까요?

スキーに 行(い)きましょうか。

日本語(にほんご)を 習(なら)いに 行(い)きましょうか。

–いいですね。そうしましょう。

–あの、それは ちょっと。

낱말과 표현

スキー 스키
日本語(にほんご) 일본어
習(なら)う 배우다
いいですね 좋네요
そうしましょう 그럽시다
あの、それは ちょっと 저기, 그건 좀

톡톡 패턴 Pattern practice

Track 03-03

A 보기와 같이 연습해 봅시다.

보기

学校(がっこう)・友(とも)だちに 会(あ)う

A：どこに 行(い)くんですか。

B：学校(がっこう)に 友(とも)だちに 会(あ)いに 行(い)きます。

1 花屋(はなや)・花(はな)を 買(か)う

2 学校(がっこう)・講義(こうぎ)を 聞(き)く

3 居酒屋(いざかや)・お酒(さけ)を 飲(の)む

4 野球場(やきゅうじょう)・野球(やきゅう)を 見(み)る

5 カフェ・コーヒーを 飲(の)む

6 公園(こうえん)・散歩(さんぽ)する

낱말과 표현

花屋(はなや) 꽃집	居酒屋(いざかや) 선술집	カフェ 카페
買(か)う 사다	お酒(さけ) 술	コーヒー 커피
講義(こうぎ) 강의	飲(の)む 마시다	公園(こうえん) 공원
聞(き)く 듣다	野球場(やきゅうじょう) 야구장	散歩(さんぽ)する 산책하다

톡톡 패턴

B

Track 03-04

보기

A：今週(こんしゅう)の 土曜日(どようび) ショッピングに 行(い)きませんか。

B：いいですね。そうしましょう。

あの、それは ちょっと。

ショッピング

1 旅行(りょこう)

2 ゴルフ

3 山登(やまのぼ)り

4 ハイキング

5 スキー

6 ドライブ

낱말과 표현

今週(こんしゅう) 이번 주
ショッピング 쇼핑
旅行(りょこう) 여행
ゴルフ 골프
山登(やまのぼ)り 등산
ハイキング 하이킹
スキー 스키
ドライブ 드라이브

Pattern practice

C

Track 03-05

보기

A：明日(あした) いっしょに プールに 泳(およ)ぎに 行(い)きましょうか。

B：いいですね。そうしましょう。

あの、それは ちょっと。

プール・泳(およ)ぐ

1 映画館(えいがかん)・映画(えいが)を 見(み)る

2 レストラン・食事(しょくじ)を する

3 美術館(びじゅつかん)・展覧会(てんらんかい)を 見(み)る

4 デパート・ショッピングを する

5 遊園地(ゆうえんち)・遊(あそ)ぶ

6 ホンデの クラブ・踊(おど)る

낱말과 표현

プール 수영장	食事(しょくじ)を する 식사를 하다	遊園地(ゆうえんち) 유원지
泳(およ)ぐ 헤엄치다	美術館(びじゅつかん) 미술관	遊(あそ)ぶ 놀다
映画館(えいがかん) 영화관	展覧会(てんらんかい) 전람회	クラブ 클럽
レストラン 레스토랑	デパート 백화점	踊(おど)る 춤추다

トクトク 톡톡 체크 Check

어휘·문법

①~④ 중에서 가장 알맞은 것을 골라 O표 하세요.

1 サッカーを＿＿★＿＿に 行(い)きました。

① 見(み)る　② 見(み)た　③ 見(み)い　④ 見(み)

2 今週(こんしゅう)の 土曜日(どようび) 食事(しょくじ)＿＿★＿＿行(い)きませんか。

① が　② と　③ を　④ に

3 A: コーヒーでも＿＿★＿＿。

B: いいですね。そうしましょう。

① 飲(の)みます　② 飲(の)みません

③ 飲(の)みましたか　④ 飲(の)みましょうか

청취　Track 03-06

잘 듣고 ①~④ 중에서 질문의 답으로 가장 알맞은 것을 골라 O표 하세요.

1 二人(ふたり)は 明日(あした) 何時(なんじ)に 会(あ)いますか。

① 朝(あさ) 7時(じ)　② 午前(ごぜん) 11時(じ)

③ 午後(ごご) 4時(じ)　④ 夜(よる) 7時(じ)

2 二人(ふたり)は どこで 会(あ)いますか。

① 駅(えき)の 近(ちか)く　② カフェ

③ 本屋(ほんや)の 前(まえ)　④ レストラン

3 二人(ふたり)は 何(なに)を 食(た)べますか。

① ラーメン　② トンカツ　③ ハンバーガー　④ ピザ

톡톡 펜맨십

Kanji & Katakana

한자

しょうたい 招待 초대	しょうたい 招待	しょうたい 招待		
おうぼ 応募 응모	おうぼ 応募	おうぼ 応募		
しょくじ 食事 식사	しょくじ 食事	しょくじ 食事		
ゆうしょく 夕食 저녁 식사	ゆうしょく 夕食	ゆうしょく 夕食		
やきゅう 野球 야구	やきゅう 野球	やきゅう 野球		
さんぽ 散歩 산책	さんぽ 散歩	さんぽ 散歩		

가타카나

イベント 이벤트	イベント	
チケット 티켓	チケット	
カフェ 카페	カフェ	

권유형으로 말해보기

Track 03-07

보기

그림을 보면서 다음과 같이 이야기해 보세요.

音楽(おんがく)を 聞(き)きませんか。

音楽(おんがく)を 聞(き)きましょうか。

お茶(ちゃ)を 飲(の)む

차를 마시다

外(そと)に 出(で)る

밖으로 나가다, 외출하다

料理(りょうり)を 作(つく)る

요리를 만들다

キャンプに 行(い)く

캠프에 가다

海岸(かいがん)に ドライブに 行(い)く

해안에 드라이브하러 가다

踊(おど)りを 踊(おど)る

춤추다

톡톡 어휘

写真(しゃしん)を 撮(と)る
사진을 찍다

内容(ないよう)を 削除(さくじょ)する
내용을 삭제하다

プログラムを ダウンロードする
프로그램을 다운로드 하다

資料(しりょう)を コピーする
자료를 복사하다

部屋(へや)を 掃除(そうじ)する
방을 청소하다

公園(こうえん)を 散歩(さんぽ)する
공원을 산책하다

教室(きょうしつ)で 先生(せんせい)を 待(ま)つ
교실에서 선생님을 기다리다

夕食(ゆうしょく)を 食(た)べる
저녁을 먹다

家(いえ)に 帰(かえ)る
집에 돌아가다

unit 04

どんな 人(ひと)に なりたいですか。

어떤 사람이 되고 싶습니까?

학습목표 소원 표현 익히기

トク トク 톡톡 회화

Dialogue

Track 04-01

アリョ	先輩(せんぱい)は 将来(しょうらい) どこに 就職(しゅうしょく)したいですか。
ジュンス	就職(しゅうしょく)も 重要(じゅうよう)だけど、自分(じぶん)の 夢(ゆめ)や 目標(もくひょう)が もっと 重要(じゅうよう)じゃないかな。
アリョ	さすが イ先輩(せんぱい)!! 先輩(せんぱい)の 夢(ゆめ)は 何(なん)ですか。
ジュンス	僕(ぼく)は みんなの 役(やく)に 立(た)つ 立派(りっぱ)な 社会人(しゃかいじん)に なりたいよ。
アリョ	すてきですね。
ジュンス	アリョは どんな 人(ひと)に なりたい?
アリョ	私(わたし)は その 立派(りっぱ)な 社会人(しゃかいじん)の 奥(おく)さんに なりたいです。

낱말과 표현

- 将来(しょうらい) 장래
- どこに 어디에
- 就職(しゅうしょく) 취직
- ～たい ~고 싶다
- ～も ~도
- 重要(じゅうよう)だ 중요하다
- ～けど ~지만
- 自分(じぶん)の 자신의
- 夢(ゆめ) 꿈
- ～や ~나
- 目標(もくひょう) 목표
- もっと 더
- さすが 역시, 과연
- みんな 모두
- 役(やく)に 立(た)つ 도움이 되다
- 立派(りっぱ)だ 훌륭하다
- 社会人(しゃかいじん) 사회인
- なる 되다
- すてきだ 멋지다
- 奥(おく)さん 부인

トクトク 톡톡 문법

01 ます형 たい ~고 싶다

すてきな 恋人(こいびと)に 出会(であ)いたい。

おいしい コーヒーが 飲(の)みたいです。

いい 会社(かいしゃ)に 就職(しゅうしょく)したいです。

낱말과 표현

すてきだ 멋지다
恋人(こいびと) 애인
出会(であ)う 만나다
おいしい 맛있다
コーヒー 커피
飲(の)む 마시다
いい 좋은
会社(かいしゃ) 회사
就職(しゅうしょく) 취직

02 ます형 たくない ~고 싶지 않다

彼(かれ)と 話(はな)したくない。

試験(しけん)に 落(お)ちたくないです。

こんな 仕事(しごと)は したくないです。

낱말과 표현

彼(かれ) 그, 남자친구
話(はな)す 말하다
試験(しけん) 시험
落(お)ちる 떨어지다
こんな 이런
仕事(しごと) 일

Grammar

Track 04-02

03 なりたい 되고 싶다

① 명사 に なりたい　~이/가 되고 싶다

公務員(こうむいん)に なりたい。

教師(きょうし)に なりたいです。

素肌美人(すはだびじん)に なりたいです。

낱말과 표현

公務員(こうむいん) 공무원

教師(きょうし) 교사

素肌美人(すはだびじん) 피부 미인

② な형용사 어간 に なりたい　~게 되고 싶다

きれいに なりたいです。

幸(しあわ)せに なりたいです。

前向(まえむ)きに なりたいです。

낱말과 표현

きれいだ 예쁘다, 깨끗하다

幸(しあわ)せだ 행복하다

前向(まえむ)きだ 긍정적이다

톡톡 문법 Grammar

Track 04-02

③ い형용사 어간 く なりたい ~게 되고 싶다

もっと 強(つよ)く なりたいです。

足(あし)が 細(ほそ)く なりたいです。

背(せ)が 高(たか)く なりたいです。

낱말과 표현

もっと 더욱 더

強(つよ)い 강하다

足(あし) 다리

細(ほそ)い 가늘다

背(せ) 키

高(たか)い 높다, 크다

04 ほしい 갖고 싶다

最新型(さいしんがた)の スマートフォンが ほしい。

タブレットPCが ほしいです。

かわいい ペットが ほしいです。

낱말과 표현

最新型(さいしんがた) 최신형

スマートフォン 스마트폰

タブレット 태블릿

かわいい 귀엽다

ペット 애완동물

톡톡 패턴 Pattern practice

Track 04-03

A 보기와 같이 연습해 봅시다.

보기

A：すしが 食べたいですか。

B：はい、食べたいです。

いいえ、食べたくないです。

すしを 食べる

1 車を 買う

2 日本語で 話す

3 友だちと 遊ぶ

4 お酒を 飲む

5 朝早く 起きる

6 図書館で 勉強する

낱말과 표현

すし 초밥	～と ~와/~과	朝早く 아침 일찍
食べる 먹다	遊ぶ 놀다	起きる 일어나다
買う 사다	お酒 술	図書館 도서관
話す 이야기하다	飲む 마시다	勉強 공부

톡톡 패턴

B

Track 04-04

보기

A：将来(しょうらい) 何(なに)に なりたいですか。

B：アナウンサーに なりたいです。

アナウンサー

1 歌手(かしゅ)

2 作家(さっか)

3 記者(きしゃ)

4 銀行員(ぎんこういん)

5 プログラマー

6 デザイナー

낱말과 표현

アナウンサー 아나운서
将来(しょうらい) 장래
歌手(かしゅ) 가수
作家(さっか) 작가
記者(きしゃ) 기자
銀行員(ぎんこういん) 은행원
プログラマー 프로그래머
デザイナー 디자이너

Pattern practice

C

Track 04-05

보기

A：今(いま) 何(なに)が 一番(いちばん) ほしいですか。

B：お金(かね)が 一番(いちばん) ほしいです。

お金(かね)

1 靴(くつ)

2 スーツ

3 電子辞書(でんしじしょ)

4 自転車(じてんしゃ)

5 車(くるま)

6 かばん

낱말과 표현

お金(かね) 돈	靴(くつ) 구두	自転車(じてんしゃ) 자전거
一番(いちばん) 가장, 제일	スーツ 정장, 슈트	車(くるま) 차
ほしい 갖고 싶다	電子辞書(でんしじしょ) 전자사전	かばん 가방

톡톡 체크 Check

어휘·문법

①~④ 중에서 가장 알맞은 것을 골라 O표 하세요.

1 銀行員(ぎんこういん)＿＿＿★＿＿＿なりたいです。

① に　　② が　　③ と　　④ を

2 背(せ)が＿＿＿★＿＿＿なりたいです。

① 高(たか)い　　② 高(たか)　　③ 高(たか)く　　④ 高(たか)に

3 日本(にほん)に＿＿＿★＿＿＿たいです。

① 行(い)く　　② 行(い)き　　③ 行(い)か　　④ 行(い)こ

청취　　Track 04-06

잘 듣고 ①~③ 중에서 질문의 답으로 가장 알맞은 것을 골라 O표 하세요.

1 将来(しょうらい) 何(なに)に なりたいですか。

①　　②　　③

2 今(いま) 何(なに)が 一番(いちばん) ほしいですか。

①　　②　　③

3 結婚(けっこん)したいですか。

①　　②　　③

トク 톡톡 펜맨십

Kanji & Katakana

한자

しょうらい 将来 장래	しょうらい 将来	しょうらい 将来		
じゅうよう 重要 중요	じゅうよう 重要	じゅうよう 重要		
しゅうしょく 就職 취직	しゅうしょく 就職	しゅうしょく 就職		
し けん 試験 시험	し けん 試験	し けん 試験		
きょう し 教師 교사	きょうし 教師	きょうし 教師		
こう む いん 公務員 공무원	こう む いん 公務員	こう む いん 公務員		

가타카나

プログラマー 프로그래머	プログラマー	
デザイナー 디자이너	デザイナー	
アナウンサー 아나운서	アナウンサー	

좋아하는 스타일, 싫어하는 스타일

Track 04-07

보기

당신은 어떤 사람을 좋아하고 싫어하나요? 다음과 같이 이야기를 나누어 보세요.

A : どんな 人(ひと)と 結婚(けっこん)したいですか。

B : 優(やさ)しい 人(ひと)と 結婚(けっこん)したいです。

A : どんな 人(ひと)と 結婚(けっこん)したくないですか。

B : うるさい 人(ひと)と 結婚(けっこん)したくないです。

穏(おだ)やかな 人(ひと)
온화한 사람

おおらかな 人(ひと)
너그러운 사람

けんきょな 人(ひと)
겸손한 사람

立派(りっぱ)な 人(ひと)
훌륭한 사람

クールな 人(ひと)
쿨한 사람

真面目(まじめ)な 人(ひと)
성실한 사람

톡톡 어휘

優秀(ゆうしゅう)な 人(ひと)
우수한 사람

頭(あたま)の いい 人(ひと)
머리가 좋은 사람

明(あか)るい 人(ひと)
밝은 사람

けちな 人(ひと)
인색한 사람

不真面目(ふまじめ)な 人(ひと)
불성실한 사람

暗(くら)い 人(ひと)
어두운 사람

感情的(かんじょうてき)な 人(ひと)
감정적인 사람

気難(きむずか)しい 人(ひと)
까다로운 사람

神経質(しんけいしつ)な 人(ひと)
신경질적인 사람

unit 05

ちょっと 助(たす)けて ください。

좀 도와주세요.

학습목표 동사의 て형과 현재 진행형 및 순서 표현 익히기

トクトク 톡톡 회화 Dialogue

Track 05-01

アリョ	先輩(せんぱい)！ちょっと 助(たす)けて ください。
ジュンス	どうしたの？
アリョ	アプリを ダウンロードして いますが、うまく いきません。
ジュンス	そう？ ちょっと 見(み)せて。
アリョ	これなんですけど。
ジュンス	あ、これ 簡単(かんたん)だよ。まず この サイトに 入会(にゅうかい)してから この ボタンを 押(お)して ダウンロード。
アリョ	でも 何(なん)だか よく 分(わ)かりません。
ジュンス	じゃ、僕(ぼく)が するよ。
アリョ	ありがとうございます。本当(ほんとう)に 助(たす)かります。

낱말과 표현

- **ちょっと** 잠깐
- **助(たす)ける** 돕다
- **～て ください** ~해 주세요
- **どうしたの** 무슨 일이야?
- **アプリ** 앱
- **ダウンロード** 다운로드
- **～て いますが** ~고 있는데
- **うまく いく** 잘되다
- **そう?** 그래?
- **見(み)せる** 보여주다
- **これなんですけど** 이것 말인데요
- **簡単(かんたん)だ** 간단하다
- **まず** 먼저, 우선
- **サイト** 사이트
- **入会(にゅうかい)** 가입
- **～てから** ~고 나서
- **ボタン** 버튼
- **押(お)す** 누르다
- **でも** 하지만
- **何(なん)だか** 왠지
- **よく 分(わ)かりません** 잘 모르겠습니다
- **本当(ほんとう)に** 정말로
- **助(たす)かる** 도움이 되다

톡톡 문법

01 동사 て ~고, ~서(동사 て형)

① 1그룹 동사의 て형

	기본형	て형
~く(ぐ) → ~いて(いで)	書く 쓰다 泳ぐ 헤엄치다	書いて 쓰고 泳いで 헤엄치고
~う, ~つ, ~る → ~って	会う 만나다 待つ 기다리다 降る (눈, 비) 내리다	会って 만나고 待って 기다리고 降って 내리고
~ぬ, ~ぶ, ~む → ~んで	死ぬ 죽다 遊ぶ 놀다 飲む 마시다	死んで 죽고 遊んで 놀고 飲んで 마시고
~す → ~して ＊예외	話す 이야기하다 行く 가다	話して 이야기하고 行って 가고

② 2그룹 동사의 て형

	기본형	て형
어간 + て	見る 보다 起きる 일어나다 食べる 먹다 寝る 자다	見て 보고 起きて 일어나고 食べて 먹고 寝て 자고

Track 05-02

③ 3그룹 동사의 て형

기본형	て형
来(く)る　오다	来(き)て　오고
する　하다	して　하고

少(すこ)し 休(やす)んで 仕事(しごと)を 始(はじ)めます。

家(いえ)に 帰(かえ)って メールを 読(よ)みます。

IDと パスワードを 入力(にゅうりょく)して ログインします。

낱말과 표현

- 少(すこ)し 조금, 잠깐
- 休(やす)む 쉬다
- 仕事(しごと) 일
- 始(はじ)める 시작하다
- 家(いえ) 집
- 帰(かえ)る 돌아가다
- メール 메일
- 読(よ)む 읽다
- パスワード 패스워드
- 入力(にゅうりょく) 입력
- ログイン 로그인

トクトク 톡톡 문법

02 동사 てから ~고 나서

コーヒーを 飲(の)んでから 仕事(しごと)を 始(はじ)めます。

先(さき)に 宿題(しゅくだい)を してから 遊(あそ)びます。

説明(せつめい)を 聞(き)いてから 質問(しつもん)して ください。

낱말과 표현

- コーヒー 커피
- 飲(の)む 마시다
- 先(さき)に 먼저
- 宿題(しゅくだい) 숙제
- 遊(あそ)ぶ 놀다
- 説明(せつめい) 설명
- 聞(き)く 듣다
- 質問(しつもん) 질문

03 동사 て ください ~해 주세요

お名前(なまえ)と 住所(じゅうしょ)を 書(か)いて ください。

電話番号(でんわばんごう)を 教(おし)えて ください。

今(いま)すぐ 来(き)て ください。

낱말과 표현

- お名前(なまえ) 성함
- 住所(じゅうしょ) 주소
- 書(か)く 쓰다
- 電話番号(でんわばんごう) 전화번호
- 教(おし)える 가르치다
- 今(いま)すぐ 지금 당장
- 来(く)る 오다

Track 05-02

04 동사 ています ~고 있습니다 (동작의 진행)

レポートを 書(か)いて います。

デートを 楽(たの)しんで います。

映画(えいが)を 見(み)て います。

日本語(にほんご)の 勉強(べんきょう)を して います。

낱말과 표현

レポート 리포트

デート 데이트

楽(たの)しむ 즐기다

映画(えいが) 영화

見(み)る 보다

勉強(べんきょう) 공부

톡톡 패턴

A

Track 05-03

보기

バスに 乗(の)る・学校(がっこう)に 行(い)く

バスに 乗(の)って 学校(がっこう)に 行(い)きます。

1 友(とも)だちに 会(あ)う・話(はなし)を する

2 話(はなし)を よく 聞(き)く・答(こた)える

3 朝早(あさはや)く 起(お)きる・ジョギングを する

4 クリックする・ファイルを 開(あ)ける

낱말과 표현

バスに 乗(の)る 버스를 타다	答(こた)える 대답하다	クリックする 클릭하다
会(あ)う 만나다	朝早(あさはや)く 아침 일찍	ファイル 파일
話(はなし)を する 이야기를 하다	起(お)きる 일어나다	開(あ)ける 열다
よく 聞(き)く 잘 듣다	ジョギングを する 조깅을 하다	

Pattern practice

B Track 05-04

보기

私は 顔を 洗ってから 歯を 磨きます。

顔を 洗う・歯を 磨く

1 シャワーを 浴びる・髪を 洗う

2 ご飯を 食べる・お水を 飲む

3 宿題を する・少し 休む

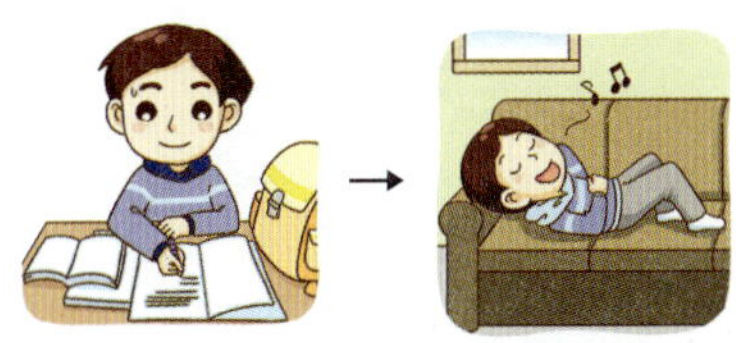

4 ラーメンの スープを 入れる・
めんを 入れる

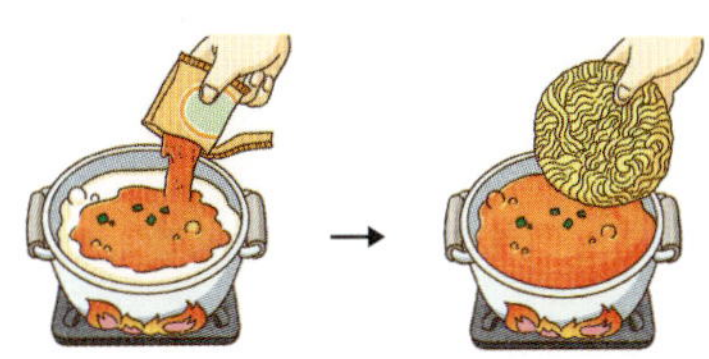

낱말과 표현

顔を 洗う 얼굴을 씻다	ご飯を 食べる 밥을 먹다	ラーメン 라면
歯を 磨く 이를 닦다	水を 飲む 물을 마시다	スープ 스프
シャワーを 浴びる 샤워하다	宿題 숙제	入れる 넣다
髪 머리	休む 쉬다	めん 면

톡톡 패턴

Track 05-05

C

보기

日本語(にほんご)で 話(はな)して ください。

日本語(にほんご)で 話(はな)す

1 少(すこ)し 待(ま)つ

2 メールを 送(おく)る

3 こちらを 見(み)る

4 アプリを ダウンロードする

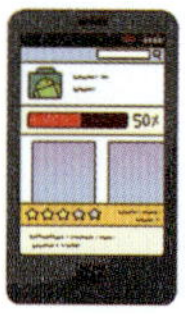

5 資料(しりょう)を コピーする

6 早(はや)く 来(く)る

낱말과 표현

話(はな)す 이야기하다	こちら 이쪽	資料(しりょう) 자료
少(すこ)し 조금	アプリ 앱	コピーする 복사하다
待(ま)つ 기다리다	ダウンロードする 다운로드 하다	早(はや)く 빨리
送(おく)る 보내다		来(く)る 오다

Pattern practice

Track 05-06

D

보기

A：今(いま) 何(なに)を して いますか。

B：日本語(にほんご)の 勉強(べんきょう)を して います。

日本語(にほんご)の 勉強(べんきょう)を する

1 メールを 書(か)く

2 料理(りょうり)を 作(つく)る

3 新聞(しんぶん)を 読(よ)む

4 日本(にほん)の ドラマを 見(み)る

5 宿題(しゅくだい)を する

6 部屋(へや)の 掃除(そうじ)を する

낱말과 표현

勉強(べんきょう) 공부
メール 메일
書(か)く 쓰다
料理(りょうり) 요리
作(つく)る 만들다
新聞(しんぶん) 신문
読(よ)む 읽다
ドラマ 드라마
見(み)る 보다
宿題(しゅくだい) 숙제
部屋(へや) 방
掃除(そうじ) 청소

トクトク 톡톡 체크 Check

어휘·문법

①~④중에서 가장 알맞은 것을 골라 O표 하세요.

1 学校に＿＿＿★＿＿＿勉強します。

① 行って　② 行いて　③ 行て　④ 行きて

2 音楽を＿＿＿★＿＿＿います

① 聞く　② 聞て　③ 聞いて　④ 聞って

3 日本語で＿＿＿★＿＿＿ください。

① 話すて　② 話さて　③ 話して　④ 話そて

청취

Track 05-07

잘 듣고 ①~④중에서 질문의 답으로 가장 알맞은 것을 골라 O표 하세요.

1 女の 人は 先に どこに 行きますか。

① 病院　② 学校　③ 図書館　④ 銀行

2 男の 人は まず 何を しますか。

① レポートを 書く　② コーヒーを 飲む

③ 少し 休む　④ 家に 帰る

3 女の 人は いつ ご飯を 食べますか。

① 仕事を してから　② コーヒーを 飲んでから

③ 新聞を 読んでから　④ レポートを 書いてから

톡톡 펜맨십

한자

かんたん 簡単 간단	かんたん 簡単	かんたん 簡単		
にゅうかい 入会 입회, 가입	にゅうかい 入会	にゅうかい 入会		
じゅうしょ 住所 주소	じゅうしょ 住所	じゅうしょ 住所		
りょうり 料理 요리	りょうり 料理	りょうり 料理		
せつめい 説明 설명	せつめい 説明	せつめい 説明		
しつもん 質問 질문	しつもん 質問	しつもん 質問		

가타카나

サイト 사이트	サイト	
アプリ 앱	アプリ	
ダウンロード 다운로드	ダウンロード	

상대방과 다른 순서로 말해보기

Track 05-08

보기

그림을 보면서 다음과 같이 이야기해 보세요.

A：私は 歯を 磨いてから 顔を 洗います。

B：そうですか。私は 顔を 洗ってから 歯を 磨きます。

歯を 磨く 이를 닦다

顔を 洗う 얼굴을 씻다

コーヒーを 飲む 커피를 마시다

仕事を 始める 일을 시작하다

톡톡 어휘

運動(うんどう)する　운동하다

シャワーを 浴(あ)びる　샤워하다

宿題(しゅくだい)を する　숙제하다

友(とも)だちと 遊(あそ)ぶ　친구와 놀다

ご飯(はん)を 食(た)べる　밥을 먹다

お茶(ちゃ)を 飲(の)む　차를 마시다

テレビを 見(み)る　텔레비전을 보다

掃除(そうじ)を する　청소를 하다

unit 06

着物(きもの)を着(き)ている方(かた)はお母(かあ)さんですか。

기모노를 입고 있는 분은 어머님이십니까?

학습목표 가족 소개와 여러 상태 표현 익히기

톡톡 회화 Dialogue

Track 06-01

ジュウォン　この 着物(きもの)を 着(き)て いる 方(かた)は お母(かあ)さんですか。

美香(みか)　はい、私(わたし)の 母(はは)です。

ジュウォン　きれいな 方(かた)ですね。
中村(なかむら)さんは お母(かあ)さんに 似(に)て いますよ。
じゃ、この 方(かた)が お父(とう)さんで、この 方(かた)は お兄(にい)さんですか。

美香(みか)　いいえ、弟(おとうと)です。

ジュウォン　弟(おとうと)さんですか。弟(おとうと)さんは 大学生(だいがくせい)ですか。

美香(みか)　はい、大学(だいがく)で 経営(けいえい)を 専攻(せんこう)して います。
ジュウォンさんの ご兄弟(きょうだい)は?

ジュウォン　私(わたし)は 兄弟(きょうだい)が いません。両親(りょうしん)と 私(わたし)、3人家族(にんかぞく)です。

美香(みか)　一人(ひとり)っ子(こ)ですか。うらやましいですね。

낱말과 표현

着物(きもの) 기모노
着(き)る 입다
方(かた) 분
お母(かあ)さん 어머님
母(はは) 엄마, 모친
きれいだ 예쁘다
似(に)て いる 닮다
お父(とう)さん 아버님
～で ~이고
お兄(にい)さん 오빠, 형님
弟(おとうと) 남동생
弟(おとうと)さん 남동생분
大学生(だいがくせい) 대학생
経営(けいえい) 경영
専攻(せんこう) 전공
ご兄弟(きょうだい) 형제분
兄弟(きょうだい) 형제
一人(ひとり)っ子(こ) 외동
うらやましい 부럽다

톡톡 문법

01 동사 ています ~고 있습니다 (상태)

① 착용, 자세, 표정 등의 상태

スーツを 着(き)て います。

眼鏡(めがね)を かけて います。

座(すわ)って います。

笑(わら)って います。

② 거주지, 직업, 결혼 유무 등 여러 상태

家族(かぞく)は 東京(とうきょう)に 住(す)んで います。

旅行会社(りょこうがいしゃ)で 働(はたら)いて います。

姉(あね)は 結婚(けっこん)して います。

私(わたし)は 父(ちち)に 似(に)て います。

낱말과 표현

- スーツ 양복
- 着(き)る 입다
- 眼鏡(めがね) 안경
- かける 쓰다, 걸다, 끼다
- 座(すわ)る 앉다
- 笑(わら)う 웃다
- 家族(かぞく) 가족
- 東京(とうきょう) 도쿄
- 住(す)む 살다
- 旅行会社(りょこうがいしゃ) 여행사
- 働(はたら)く 일하다
- 姉(あね) 누나, 언니
- 結婚(けっこん) 결혼
- 私(わたし) 나, 저
- 父(ちち) 아버지
- 似(に)る 닮다

Track 06-02

③ 날씨, 사물의 상태

雨(あめ)が 降(ふ)って います。

風(かぜ)が 吹(ふ)いて います。

ドアが 開(あ)いて います。

絵(え)が かかって います。

낱말과 표현

雨(あめ) 비
降(ふ)る 오다, 내리다
風(かぜ) 바람
吹(ふ)く 불다
ドア 문, 도어
開(あ)く 열리다
絵(え) 그림
かかる 걸리다

02 동사 ている 명사 ~고 있는 ~

帽子(ぼうし)を かぶって いる 人(ひと)が イさんです。

スカーフを して いる 人(ひと)は 中村(なかむら)さんです。

ワンピースを 着(き)て いる 人(ひと)は ワンさんです。

낱말과 표현

帽子(ぼうし) 모자
かぶる 쓰다(뒤집어쓰다)
スカーフを する 스카프를 하다
ワンピース 원피스
着(き)る 입다

톡톡 문법

03 가족 소개

① 나의 가족 (私(わたし)の 家族(かぞく))

자신의 가족을 남에게 말할 때

私(わたし)の 祖父(そふ)	저의 할아버지
私(わたし)の 祖母(そぼ)	저의 할머니
私(わたし)の 両親(りょうしん)	저의 부모(님)
私(わたし)の 父(ちち)	저의 아버지
私(わたし)の 母(はは)	저의 어머니
私(わたし)の 兄(あに)	저의 형, 오빠
私(わたし)の 姉(あね)	저의 누나, 언니
私(わたし)の 弟(おとうと)	저의 남동생
私(わたし)の 妹(いもうと)	저의 여동생
私(わたし)の 妻(つま)	저의 아내
私(わたし)の 夫(おっと)	저의 남편
私(わたし)の 息子(むすこ)	저의 아들
私(わたし)の 娘(むすめ)	저의 딸

가족끼리 자기 가족을 부를 때

お父(とう)さん	아버지
お母(かあ)さん	어머니
お兄(にい)さん(ちゃん)	형님, 오빠
お姉(ねえ)さん(ちゃん)	누나, 언니

Track 06-02

② 남의 가족 (〜さんの ご家族(かぞく))

中村(なかむら)さんの お祖父(じい)さん, お祖父(じい)さま	나카무라 씨의 할아버님
中村(なかむら)さんの お祖母(ばあ)さん, お祖母(ばあ)さま	나카무라 씨의 할머님
中村(なかむら)さんの お父(とう)さん, お父(とう)さま	나카무라 씨의 아버님
中村(なかむら)さんの お母(かあ)さん, お母(かあ)さま	나카무라 씨의 어머님
中村(なかむら)さんの お兄(にい)さん, お兄(にい)さま	나카무라 씨의 형님
中村(なかむら)さんの お姉(ねえ)さん, お姉(ねえ)さま	나카무라 씨의 누님
中村(なかむら)さんの 弟(おとうと)さん	나카무라 씨의 남동생분
中村(なかむら)さんの 妹(いもうと)さん	나카무라 씨의 여동생분
中村(なかむら)さんの 奥(おく)さん	나카무라 씨의 사모님
中村(なかむら)さんの ご主人(しゅじん)	나카무라 씨의 남편
中村(なかむら)さんの 息子(むすこ)さん	나카무라 씨의 아드님
中村(なかむら)さんの 娘(むすめ)さん	나카무라 씨의 따님

토크토크 문법

Grammar

Track 06-02

04 何人家族(なんにんかぞく) 몇 인 가족

何人家族(なんにんかぞく)ですか。

何人兄弟(なんにんきょうだい)ですか。

ご家族(かぞく)は 何人(なんにん)ですか。

四人家族(よにんかぞく)です。

何人(なんにん) 몇 명

一人 ひとり	二人 ふたり	三人 さんにん	四人 よにん	五人 ごにん
六人 ろくにん	七人 ななにん しちにん	八人 はちにん	九人 きゅうにん	十人 じゅうにん

톡톡 패턴 Pattern practice

Track 06-03

A 보기와 같이 연습해 봅시다.

보기

A：キムさんの お父(とう)さんですか。

B：はい、私(わたし)の 父(ちち)です。

お父(とう)さん・父(ちち)

1 お祖父様(じいさま)・祖父(そふ)

2 お祖母様(ばあさま)・祖母(そぼ)

3 お母(かあ)さん・母(はは)

4 お兄(にい)さん・兄(あに)

5 お姉(ねえ)さん・姉(あね)

6 奥(おく)さん・妻(つま)

낱말과 표현

お父(とう)さん 아버님
父(ちち) 아버지
お祖父様(じいさま) 할아버님
祖父(そふ) 조부
お祖母様(ばあさま) 할머님
祖母(そぼ) 조모
お母(かあ)さん 어머님
母(はは) 어머니
お兄(にい)さん 형님, 오빠
兄(あに) 형, 오빠
お姉(ねえ)さん 누님, 언니
姉(あね) 언니, 누나
奥(おく)さん 부인
妻(つま) 아내, 처

톡톡 패턴

Track 06-04

B

보기

A：中村(なかむら)さんは どの 人(ひと)ですか。

B：スカーフを して いる 人(ひと)です。

中村(なかむら)さん・スカーフを する

1 イさん・帽子(ぼうし)を かぶる

2 キムさん・コートを 着(き)る

3 鈴木(すずき)さん・サングラスを かける

4 ワンさん・ヘアーバンドを する

낱말과 표현

スカーフ 스카프	コート 코트	かける 끼다, 쓰다
帽子(ぼうし) 모자	着(き)る 입다	ヘアーバンド 헤어밴드
かぶる 쓰다	サングラス 선글라스	

Pattern practice

Track 06-05

C

보기

A：何人家族(なんにんかぞく)ですか。

B：父(ちち)と 母(はは)と 私(わたし)、3人家族(にんかぞく)です。

父(ちち), 母(はは), 私(わたし), 3人家族(にんかぞく)

1 父(ちち), 母(はは), 兄(あに), 私(わたし), 4人家族(にんかぞく)

2 祖母(そぼ), 両親(りょうしん), 妹(いもうと), 私(わたし), 5人家族(にんかぞく)

3 父(ちち), 母(はは), 姉(あね), 私(わたし), 4人家族(にんかぞく)

4 妻(つま), 息子(むすこ), 娘(むすめ), 私(わたし), 4人家族(にんかぞく)

낱말과 표현

両親(りょうしん) 부모님　　息子(むすこ) 아들　　娘(むすめ) 딸

톡톡 체크 Check

어휘·문법

①~④중에서 가장 알맞은 것을 골라 O표 하세요.

1 帽子(ぼうし)を ＿＿★＿＿ 人(ひと)が 田中(たなか)さんです。

① かぶる　② かぶって いる　③ 着(き)る　④ 着(き)ている

2 家族(かぞく)は 東京(とうきょう)に ＿＿★＿＿ います。

① 住(す)む　② 住(す)みで　③ 住(す)んで　④ 住(す)んて

3 A: 田中(たなか)さんの お祖父様(じいさま)ですか。
B: はい、私(わたし)の ＿＿★＿＿ です。

① そぼ　② そほ　③ そぶ　④ そふ

청취

Track 06-06

잘 듣고 ①~④중에서 질문의 답으로 가장 알맞은 것을 골라 O표 하세요.

1 先生(せんせい)の 家族(かぞく)は どこに 住(す)んで いますか。

① 韓国(かんこく)　② 日本(にほん)　③ 中国(ちゅうごく)　④ アメリカ

2 お父(とう)さんは どこで 働(はたら)いて いますか。

① 銀行(ぎんこう)　② 会社(かいしゃ)　③ 学校(がっこう)　④ 郵便局(ゆうびんきょく)

3 佐藤(さとう)さんの 妹(いもうと)さんの 専攻(せんこう)は 何(なん)ですか。

① 経営(けいえい)　② 英語(えいご)　③ 日本語(にほんご)　④ 音楽(おんがく)

톡톡 펀맨십

Kanji & Katakana

한자

そふ	そふ	そふ		
祖父 조부	祖父	祖父		

そぼ	そぼ	そぼ		
祖母 조모	祖母	祖母		

ちち	ちち	ちち		
父 아버지	父	父		

はは	はは	はは		
母 어머니	母	母		

あに	あに	あに		
兄 형, 오빠	兄	兄		

あね	あね	あね		
姉 누나, 언니	姉	姉		

おとうと	おとうと	おとうと		
弟 남동생	弟	弟		

가타카나

サングラス 선글라스	サングラス	
ヘアーバンド 헤어밴드	ヘアーバンド	

가족 이야기

Track 06-07

보기

그림을 보면서 다음과 같이 이야기해 보세요.

A : この 方(かた)は ご主人(しゅじん)ですか。

B : はい、夫(おっと)です。銀行(ぎんこう)に 勤(つと)めて います。

ご主人(しゅじん) 남편분	夫(おっと) 남편	銀行(ぎんこう)に 勤(つと)める 은행에 근무하다	銀行員(ぎんこういん) 은행원
奥(おく)さん 부인	妻(つま) 아내	高校(こうこう)に 勤(つと)める 고등학교에 근무하다	教師(きょうし) 교사
息子(むすこ)さん 아드님	息子(むすこ) 아들	小学校(しょうがっこう)に 通(かよ)う 초등학교에 다니다	小学生(しょうがくせい) 초등학생
娘(むすめ)さん 따님	娘(むすめ) 딸	幼稚園(ようちえん)に 通(かよ)う 유치원에 다니다	幼稚園児(ようちえんじ) 유치원생

톡톡 어휘

お父(とう)さん 아버님	父(ちち) 아버지	運送会社(うんそうがいしゃ)に 勤(つと)める 운송회사에 근무하다	部長(ぶちょう) 부장
お母(かあ)さん 어머님	母(はは) 어머니	病院(びょういん)に 勤(つと)める 병원에 근무하다	看護師(かんごし) 간호사
お兄(にい)さん 형님, 오빠	兄(あに) 형, 오빠	貿易会社(ぼうえきがいしゃ)に 勤(つと)める 무역회사에 근무하다	課長(かちょう) 과장
お姉(ねえ)さん 누님, 언니	姉(あね) 누나, 언니	旅行会社(りょこうがいしゃ)に 勤(つと)める 여행사에 근무하다	ガイド 가이드
弟(おとうと)さん 남동생분	弟(おとうと) 남동생	研究所(けんきゅうじょ)に 勤(つと)める 연구소에 근무하다	研究員(けんきゅういん) 연구원
妹(いもうと)さん 여동생분	妹(いもうと) 여동생	大学(だいがく)に 通(かよ)う 대학교에 다니다	大学生(だいがくせい) 대학생

unit 07

約束(やくそく)の 時間(じかん)に 遅(おく)れても いいですか。

약속시간에 늦어도 됩니까?

학습목표 허가, 금지 표현 익히기

トクトク 톡톡 회화

Dialogue

Track 07-01

アリョ	美香(みか)さん、今(いま) 何(なに)を して いますか。
美香(みか)	心理(しんり)テストを して います。
アリョ	そうですか。 何(なん)の 心理(しんり)テストですか。
美香(みか)	恋愛心理(れんあいしんり)テストです。アリョさんも して みますか。 質問(しつもん)1: 彼氏(かれし)が 約束(やくそく)の 時間(じかん)に 遅(おく)れても いいですか。
アリョ	私(わたし)は 全然(ぜんぜん) かまいません。 一時間(いちじかん)ぐらいは 遅(おく)れても いいです。
美香(みか)	ええ～！ 私(わたし)は 絶対(ぜったい) だめです。10分(ぷん)ぐらいは いいですけど。
アリョ	でも 美香(みか)さんも よく 約束(やくそく)の 時間(じかん)に 遅(おく)れるじゃないですか。
美香(みか)	あ、それは その…。

낱말과 표현

- **心理(しんり)テスト** 심리테스트
- **何(なん)の** 무슨
- **恋愛心理(れんあいしんり)** 연애 심리
- **質問(しつもん)** 질문
- **彼氏(かれし)** 남자친구, 그이
- **約束(やくそく)** 약속
- **時間(じかん)** 시간
- **遅(おく)れる** 늦다
- **～ても いいです** ~해도 괜찮습니다
- **全然(ぜんぜん)** 전혀
- **かまいません** 상관없습니다, 괜찮습니다
- **～ぐらい** ~정도
- **絶対(ぜったい)** 절대
- **だめだ** 안 된다
- **よく** 자주

トクトク
톡톡 문법

01 ても いいです, ても かまいません

~해도 좋습니다, ~해도 상관없습니다, ~해도 개의치 않습니다

① 동사 て형 + も いいです, も かまいません

全部(ぜんぶ) 食(た)べても いいです。

この 席(せき)に 座(すわ)っても いいです。

少(すこ)し 休(やす)んでも いいです。

パソコンを 使(つか)っても かまいません。

낱말과 표현

全部(ぜんぶ) 전부
食(た)べる 먹다
この 席(せき) 이 자리
座(すわ)る 앉다
パソコン 컴퓨터
使(つか)う 쓰다

② い형용사 어간 + くても いいです, くても かまいません

部屋(へや)は 狭(せま)くても いいです。

駅(えき)が 遠(とお)くても かまいません。

낱말과 표현

部屋(へや) 방
狭(せま)い 좁다
駅(えき) 역
遠(とお)い 멀다
かまわない 상관없다

Grammar

Track 07-02

③ な형용사 어간 + でも いいです, でも かまいません

歌(うた)が 下手(へた)でも いいです。

交通(こうつう)が 不便(ふべん)でも かまいません。

낱말과 표현

- **歌(うた)** 노래
- **下手(へた)だ** 못하다, 재주가 없다
- **交通(こうつう)** 교통
- **不便(ふべん)だ** 불편하다

④ 명사 + でも いいです, でも かまいません

主婦(しゅふ)でも いいです。

難(むず)しい 問題(もんだい)でも かまいません。

낱말과 표현

- **主婦(しゅふ)** 주부
- **～でも いい** ~라도 좋다
- **難(むず)しい** 어렵다
- **問題(もんだい)** 문제

トクトク 톡톡 문법

02 ては いけません, ては だめです ~해서는 안 됩니다

① 동사 て형 + は いけません, は だめです

ここでは 写真(しゃしん)を 撮(と)っては いけません。

女性(じょせい)に 年(とし)と 体重(たいじゅう)を 聞(き)いては いけません。

これ以上(いじょう) 太(ふと)っては だめです。

낱말과 표현

- ここでは 여기서는
- 写真(しゃしん) 사진
- 撮(と)る 찍다
- 女性(じょせい) 여성
- 年(とし) 나이
- 体重(たいじゅう) 체중
- 聞(き)く 묻다, 듣다
- これ以上(いじょう) 더 이상, 이 이상
- 太(ふと)る 살찌다

② い형용사 어간 + くては いけません, くては だめです

周(まわ)りが うるさくては いけません。

デザインが 古(ふる)くては だめです。

낱말과 표현

- 周(まわ)り 주변
- うるさい 시끄럽다
- デザイン 디자인
- 古(ふる)い 오래되다

Track07-02

③ な형용사 어간 + では いけません, では だめです

料理(りょうり)が 下手(へた)では いけません。

仕事(しごと)に 不真面目(ふまじめ)では だめです。

낱말과 표현

料理(りょうり) 요리

下手(へた)だ 잘 못하다, 능숙하지 못하다

仕事(しごと) 일

不真面目(ふまじめ)だ 불성실하다

④ 명사 + では いけません, では だめです

この 成績(せいせき)では いけません。

未成年者(みせいねんしゃ)では だめです。

낱말과 표현

この 成績(せいせき) 이 성적

未成年者(みせいねんしゃ) 미성년자

Track07-02

03 동사 てみる ~해보다

タンゴを習(なら)って みたいです。

外国(がいこく)に 住(す)んで みたいです。

この ブーツ、履(は)いて みても いいですか。

낱말과 표현

- タンゴ 탱고
- 習(なら)う 배우다
- 外国(がいこく) 외국
- 住(す)む 살다
- この 이
- ブーツ 부츠
- 履(は)く 신다

톡톡 패턴 Pattern practice

Track 07-03

A 보기와 같이 연습해 봅시다.

보기

ひらがなで 書(か)く・漢字(かんじ)で 書(か)く

A：ひらがなで 書(か)いても いいですか。

B：いいえ、漢字(かんじ)で 書(か)いて ください。

1 韓国語(かんこくご)で 話(はな)す・日本語(にほんご)で 話(はな)す

2 私服(しふく)を 着(き)る・ユニホームを 着(き)る

3 友(とも)だちと 行(い)く・一人(ひとり)で 来(く)る

4 ファックスで 送(おく)る・郵便(ゆうびん)で 送(おく)る

낱말과 표현

書(か)く 쓰다	着(き)る 입다	来(く)る 오다
漢字(かんじ) 한자	ユニホーム 유니폼	ファックス 팩스
韓国語(かんこくご) 한국어	友(とも)だち 친구	送(おく)る 보내다
私服(しふく) 사복	一人(ひとり)で 혼자서	郵便(ゆうびん) 우편

トク 톡톡 패턴

B

Track 07-04

보기

ここでタバコを吸う・ここは禁煙エリア

A：ここで タバコを 吸っても いいですか。

B：いいえ、吸っては いけません。

ここは 禁煙エリアです。

1 友だちに 話す・これは 秘密

2 ちょっと 入る・今は 会議中

3 窓を 開ける・冷房中

4 ここに 車を 止める・駐車禁止区域

낱말과 표현

吸う (담배를) 피우다	入る 들어가다	冷房中 냉방 중
禁煙エリア 금연구역	会議中 회의 중	止める 세우다
秘密 비밀	窓 창문	駐車禁止区域 주차금지 구역
ちょっと 잠깐, 조금	開ける 열다	

Pattern practice

Track 07-05

C

보기

A：行って みますか。

B：はい、一度 行って みたいです。

行く

1 乗る

2 作る

3 着る

4 食べる

5 やる

6 履く

낱말과 표현

行く 가다
一度 한 번
乗る 타다
作る 만들다
着る 입다
食べる 먹다
やる 하다
履く 신다

톡톡 체크 Check

어휘·문법

①~④ 중에서 가장 알맞은 것을 골라 O표 하세요.

1 本(ほん)を ＿＿★＿＿ いいですか。

① 借(か)りる　② 借(か)りても　③ 借(か)りては　④ 借(か)り

2 先(さき)に ＿＿★＿＿ いいですか。

① 帰(かえ)る　② 帰(かえ)ても　③ 帰(かえ)りも　④ 帰(かえ)っても

3 授業(じゅぎょう)に ＿＿★＿＿ いけません。

① 遅(おく)れる　② 遅(おく)れては　③ 遅(おく)れっても　④ 遅(おく)れ

청취

Track 07-06

잘 듣고 ①~③ 중에서 질문의 답으로 가장 알맞은 것을 골라 O표 하세요.

1 先生(せんせい)、質問(しつもん)しても いいですか。

①　②　③

2 タバコを 吸(す)っては いけませんか。

①　②　③

3 スーツを 着(き)て みても いいですか。

①　②　③

톡톡 펜맨십

Kanji & Katakana

한자

しんり 心理 심리	しんり 心理	しんり 心理		
ないよう 内容 내용	ないよう 内容	ないよう 内容		
れんあい 恋愛 연애	れんあい 恋愛	れんあい 恋愛		
ひみつ 秘密 비밀	ひみつ 秘密	ひみつ 秘密		
やくそく 約束 약속	やくそく 約束	やくそく 約束		
ぜんぜん 全然 전혀	ぜんぜん 全然	ぜんぜん 全然		

가타카나

エリア 구역	エリア	
パソコン 컴퓨터	パソコン	
ユニホーム 유니폼	ユニホーム	

여기는 뮤지컬 공연장 안입니다.

Track 07-07

보기

그림을 보면서 다음과 같이 이야기해 보세요.

A : 写真(しゃしん)を 撮(と)っても いいですか。

B : いいえ、写真(しゃしん)を 撮(と)っては いけません。

① 録音(ろくおん)する 녹음하다

② となりの 人(ひと)と 大(おお)きい 声(こえ)で 話(はな)す 옆 사람과 큰 소리로 이야기하다

③ 他(ほか)の 席(せき)に 移(うつ)る 다른 사람의 좌석으로 옮기다

④ 電話(でんわ)する 전화하다

⑤ ビールを 飲(の)む 맥주를 마시다

⑥ パンを 食(た)べる 빵을 먹다

⑦ 拍手(はくしゅ)する 박수 치다

⑧ ガムを かむ 껌을 씹다

⑨ 笑(わら)う 웃다

⑩ 赤(あか)ちゃんを 連(つ)れて いく 아기를 데리고 가다

⑪ 踊(おど)りを 踊(おど)る 춤을 추다

⑫ 歌(うた)を 歌(うた)う 노래 부르다

⑬ いたずらを する 장난치다

⑭ いびきを かく 코를 골다

톡톡 어휘

unit 08

中国(ちゅうごく)に 行(い)った ことが ありますか。

중국에 간 적이 있습니까?

학습목표 각 품사의 과거형 및 경험과 나열 표현 익히기

톡톡 회화

Dialogue

Track 08-01

アリヨ　美香(みか)さんは 中国(ちゅうごく)に 行(い)った ことが ありますか。

美香(みか)　はい、一度(いちど) 行(い)った ことが あります。

アリヨ　中国(ちゅうごく)の どこに 行(い)ったんですか。

美香(みか)　ハイナンです。本当(ほんとう)に きれいでした。料理(りょうり)も おいしかったし、ホテルも 最高(さいこう)でした。海(うみ)で 泳(およ)いだり、ショッピングセンターで 買(か)い物(もの)を したり、本当(ほんとう)に 楽(たの)しかったですよ。

アリヨ　そうですか。じゃ、ペキンには 行(い)った ことが ないんですね。

美香(みか)　行(い)きたいんですけど、なかなか 機会(きかい)が なくて…。

アリヨ　じゃ、今度(こんど)の 夏休(なつやす)みに 一度(いちど) 遊(あそ)びに 来(き)て ください。私(わたし)が 案内(あんない)しますから。

美香(みか)　本当(ほんとう)に？ ぜひ お願(ねが)いします。

낱말과 표현

- **一度(いちど)** 한 번
- **ハイナン(海南)** 하이난
- **本当(ほんとう)に** 정말로
- **料理(りょうり)** 요리
- **～も** ~도
- **おいしい** 맛있다
- **～し～** ~고 ~
- **ホテル** 호텔
- **最高(さいこう)だ** 최고다
- **海(うみ)で 泳(およ)ぐ** 바다에서 헤엄치다
- **～た(だ)り、～た(だ)り** ~거나 ~거나 (합니다)
- **ショッピングセンター** 쇼핑센터
- **買(か)い物(もの)** 쇼핑
- **ペキン(北京)** 북경
- **～けど** ~지만
- **なかなか** 좀처럼
- **機会(きかい)が ない** 기회가 없다
- **今度(こんど)の** 이번
- **案内(あんない)する** 안내하다
- **～から** ~때문에, ~이니까
- **ぜひ** 부디, 꼭
- **お願(ねが)いします** 부탁합니다

トクトク

톡톡 문법

01 각 품사의 た형(과거형)

① 동사의 た형(과거형)

1그룹 동사

	기본형	た형
～く(ぐ) → ～いた(いだ)	書(か)く 쓰다 泳(およ)ぐ 헤엄치다	書(か)いた 썼다 泳(およ)いだ 헤엄쳤다
～う, ～つ, ～る → ～った	会(あ)う 만나다 待(ま)つ 기다리다 降(ふ)る (눈, 비) 내리다	会(あ)った 만났다 待(ま)った 기다렸다 降(ふ)った 내렸다
～ぬ, ～ぶ, ～む → ～んだ	死(し)ぬ 죽다 遊(あそ)ぶ 놀다 飲(の)む 마시다	死(し)んだ 죽었다 遊(あそ)んだ 놀았다 飲(の)んだ 마셨다
～す → ～した ＊예외	話(はな)す 이야기하다 行(い)く 가다	話(はな)した 이야기했다 行(い)った 갔다

2그룹 동사

	기본형	た형
어간 ＋ た	見(み)る 보다 起(お)きる 일어나다 食(た)べる 먹다 寝(ね)る 자다	見(み)た 보았다 起(お)きた 일어났다 食(た)べた 먹었다 寝(ね)た 잤다

3그룹 동사(불규칙 동사)

기본형	た형
来(く)る 오다 する 하다	来(き)た 왔다 した 했다

Grammar

Track 08-02

② い형용사의 어간 + かった

ドラマは 面白(おもしろ)かった。

試験(しけん)の 問題(もんだい)は 難(むずか)しかった。

料理(りょうり)は とても おいしかった。

★「いい(좋다)」의 과거형은「良(よ)かった(좋았다)」,
과거 부정형은「良(よ)くなかった(좋지 않았다)」

낱말과 표현

- ドラマ 드라마
- 面白(おもしろ)い 재미있다
- 試験(しけん) 시험
- 問題(もんだい) 문제
- 難(むずか)しい 어렵다
- 料理(りょうり) 요리
- とても 아주
- おいしい 맛있다
- 良(よ)かった 좋았다

③ な형용사의 어간 + だった

昔(むかし)は スリムだった。

交通(こうつう)は 便利(べんり)だった。

店員(てんいん)は 親切(しんせつ)だった。

낱말과 표현

- 昔(むかし) 옛날
- スリムだ 슬림하다, 날씬하다
- 交通(こうつう) 교통
- 便利(べんり)だ 편리하다
- 店員(てんいん) 점원
- 親切(しんせつ)だ 친절하다

トクトク 토독 문법

02 동사 た형 + ことが あります/ありません ~ㄴ 적이 있습니다/없습니다

海外旅行(かいがいりょこう)に 行(い)った ことが あります。

宝(たから)くじに 当(あ)たった ことが ありません。

地下鉄(ちかてつ)で 財布(さいふ)を 忘(わす)れた ことが あります。

낱말과 표현

- 海外旅行(かいがいりょこう) 해외여행
- 行(い)く 가다
- 宝(たから)くじ 복권
- 当(あ)たる 당첨되다
- 財布(さいふ) 지갑
- 忘(わす)れる 잊고 두고 가(오)다

03 동사 た형 たり、동사 た형 たり します ~거나, ~거나 합니다

① 동사

山(やま)に 登(のぼ)ったり、海(うみ)で 泳(およ)いだり します。

本(ほん)を 読(よ)んだり、音楽(おんがく)を聞(き)いたり します。

ドラマを見(み)ながら 泣(な)いたり、笑(わら)ったり します。

낱말과 표현

- 山(やま) 산
- 登(のぼ)る 올라가다
- 海(うみ) 바다
- 泳(およ)ぐ 헤엄치다
- 音楽(おんがく) 음악
- 聞(き)く 듣다
- ドラマ 드라마
- 見(み)ながら 보면서
- 泣(な)く 울다
- 笑(わら)う 웃다

Track 08-02

② い형용사

映画(えいが)の ストーリーは 面白(おもしろ)かったり、つまらなかったり します。

授業(じゅぎょう)の 雰囲気(ふんいき)は 良(よ)かったり、悪(わる)かったり します。

낱말과 표현

映画(えいが) 영화
ストーリー 이야기
面白(おもしろ)い 재미있다
つまらない 시시하다
授業(じゅぎょう) 수업
雰囲気(ふんいき) 분위기
良(よ)い 좋다
悪(わる)い 나쁘다

③ な형용사

学生(がくせい)の 態度(たいど)は 真面目(まじめ)だったり、不真面目(ふまじめ)だったり します。

あの 店(みせ)の 店員(てんいん)は 親切(しんせつ)だったり、不親切(ふしんせつ)だったり します。

낱말과 표현

学生(がくせい) 학생
態度(たいど) 태도
真面目(まじめ)だ 성실하다
不真面目(ふまじめ)だ 불성실하다
あの 店(みせ) 저 가게
親切(しんせつ)だ 친절하다
不親切(ふしんせつ)だ 불친절하다

토크토크 문법

④ 명사

お昼(ひる)の メニューは トンカツだったり、ラーメンだったり します。

交通手段(こうつうしゅだん)は バスだったり、 地下鉄(ちかてつ)だったり します。

낱말과 표현

お昼(ひる) 점심
メニュー 메뉴
トンカツ 돈가스
ラーメン 라면
交通手段(こうつうしゅだん) 교통수단
バス 버스
地下鉄(ちかてつ) 지하철

04 ～から ～때문에, ～이니까

先輩(せんぱい)が いますから、安心(あんしん)です。

親(した)しい 友(とも)だちが いませんから、さびしいです。

ケータイが ありませんから、不便(ふべん)です。

낱말과 표현

安心(あんしん)だ 안심이다
親(した)しい 친하다
さびしい 외롭다
不便(ふべん)だ 불편하다

Grammar

Track 08-02

05 ～し～ ~고~

あの 店(みせ)は 料理(りょうり)も おいしいし、店員(てんいん)も 親切(しんせつ)です。

この 服(ふく)は デザインも いいし、値段(ねだん)も 安(やす)いです。

彼(かれ)は ハンサムで 背(せ)も 高(たか)いし、頭(あたま)も いいです。

낱말과 표현

- **料理(りょうり)** 요리
- **服(ふく)** 옷
- **デザイン** 디자인
- **値段(ねだん)** 가격
- **安(やす)い** 싸다
- **彼(かれ)** 그
- **ハンサムだ** 미남이다
- **背(せ)** 키, 등
- **高(たか)い** 높다, 크다, 비싸다
- **頭(あたま)** 머리

トクトク 톡톡 패턴

Track 08-03

A 보기와 같이 연습해 봅시다.

보기

A : 暇(ひま)な とき 何(なに)を しますか。

B : ゲームを したり、
インターネットを したり します。

ゲームを する・インターネットを する

1 映画(えいが)を 見(み)る・友(とも)だちに 会(あ)う

2 コンサートに 行(い)く・ドライブに 行(い)く

3 音楽(おんがく)を 聞(き)く・本(ほん)を 読(よ)む

4 掃除(そうじ)を する・洗濯(せんたく)を する

낱말과 표현

暇(ひま)だ 한가하다	見(み)る 보다	聞(き)く 듣다
とき 때	会(あ)う 만나다	本(ほん) 책
ゲーム 게임	コンサート 콘서트	読(よ)む 읽다
インターネット 인터넷	ドライブ 드라이브	掃除(そうじ) 청소
映画(えいが) 영화	音楽(おんがく) 음악	洗濯(せんたく) 세탁

B

Track 08-04

보기

A：ショッピングセンターでは何(なに)を しますか。

B：ショッピングを したり、食事(しょくじ)を したり します。

ショッピングセンター / ショッピングを する・食事(しょくじ)を する

1 遊園地(ゆうえんち) / 乗(の)り物(もの)に 乗(の)る・デートを する

2 図書館(としょかん) / 本(ほん)を 借(か)りる・勉強(べんきょう)する

3 野球場(やきゅうじょう) / 野球(やきゅう)を 見(み)る・チアガールと 応援(おうえん)する

4 カフェ / コーヒーを 飲(の)む・友(とも)だちと 話(はな)す

낱말과 표현

- ショッピングセンター 쇼핑센터
- 食事(しょくじ) 식사
- 遊園地(ゆうえんち) 유원지
- 乗(の)り物(もの)に 乗(の)る 놀이기구를 타다
- デート 데이트
- 図書館(としょかん) 도서관
- 借(か)りる 빌리다
- 野球場(やきゅうじょう) 야구장
- チアガール 치어걸
- 応援(おうえん)する 응원하다
- カフェ 카페

톡톡 패턴

Track 08-05

C

보기

A：日本に 行った ことが ありますか。

B：はい、行った ことが あります。

いいえ、行った ことが ありません。

日本に 行く

1 日本語で 手紙を 書く

2 日本の 料理を 作る

3 ご両親に うそを つく

4 コンビニで アルバイトを する

낱말과 표현

手紙 편지	作る 만들다	コンビニ 편의점
書く 쓰다	ご両親 양친, 부모님	アルバイト 아르바이트
料理 요리	うそを つく 거짓말을 하다	

Pattern practice

Track 08-06

D

보기

旅行(りょこう) / 天気(てんき)も いい・料理(りょうり)も おいしい

A：旅行(りょこう)は どうでしたか。

B：天気(てんき)も よかったし、料理(りょうり)も おいしかったです。

1 あの レストラン / 雰囲気(ふんいき)も いい・店員(てんいん)も 親切(しんせつ)だ

2 映画(えいが) / 俳優(はいゆう)の 演技(えんぎ)も いい・ストーリーも おもしろい

3 デパート / 建物(たてもの)も 新(あたら)しい・品物(しなもの)も 多(おお)い

4 面接(めんせつ) / 質問(しつもん)も 難(むずか)しい・体(からだ)の 調子(ちょうし)も 悪(わる)い

낱말과 표현

どうでしたか 어땠습니까?	演技(えんぎ) 연기	品物(しなもの) 물건
雰囲気(ふんいき) 분위기	ストーリー 스토리, 이야기	面接(めんせつ) 면접
親切(しんせつ)だ 친절하다	新(あたら)しい 새롭다	質問(しつもん) 질문
俳優(はいゆう) 배우	建物(たてもの) 건물	体(からだ)の調子(ちょうし) 몸 상태

トクトク 톡톡 체크 Check

어휘·문법

①~④ 중에서 가장 알맞은 것을 골라 O표 하세요.

1 カフェで コーヒーを ＿＿★＿＿ ショッピングセンターで ショッピングを したり しました。

① 飲(の)んだり　② 飲(の)みたり　③ 飲(の)ったり　④ 飲(の)みだり

2 A: 旅行(りょこう)は どうでしたか。

B: 本当(ほんとう)に ＿＿★＿＿ よ。

① 楽(たの)しかった　② 楽(たの)しでした　③ 楽(たの)しいでした　④ 楽(たの)しい

3 A: 公園(こうえん)は どうでしたか。

B: とても ＿＿★＿＿ よ。

① 静(しず)かです　② 静(しず)かでした　③ 静(しず)かった　④ 静(しず)かだったでした

청취　Track 08-07

잘 듣고 ①~④ 중에서 질문의 답으로 가장 알맞은 것을 골라 O표 하세요.

1 吉田(よしだ)さんは ハワイに 行(い)った ことが ありますか。

① はい、行(い)った ことが ありますか。　② いいえ、行(い)った ことが ありません。

③ 分(わ)かりません。　④ 3年前(ねんまえ)に 行(い)った ことが あります。

2 店(みせ)は どうでしたか。

① とても 静(しず)かだった　② 店員(てんいん)が 親切(しんせつ)だった

③ とても きれいだった　④ 交通(こうつう)が 不便(ふべん)だった

3 女(おんな)の 人(ひと)は 暇(ひま)な 時(とき) 何(なに)を しますか。

① ゲーム　② 料理(りょうり)　③ 掃除(そうじ)　④ インターネット

톡톡 펜맨십

Kanji & Katakana

한자

りょこう	りょこう	りょこう		
旅行 여행	旅行	旅行		
さいこう	さいこう	さいこう		
最高 최고	最高	最高		
き かい	き かい	き かい		
機会 기회	機会	機会		
あんない	あんない	あんない		
案内 안내	案内	案内		
めんせつ	めんせつ	めんせつ		
面接 면접	面接	面接		
こうつう	こうつう	こうつう		
交通 교통	交通	交通		

가타카나

ホテル 호텔	ホテル	
センター 센터	センター	
ドラマ 드라마	ドラマ	

세계 어디까지?

Track 08-08

보기

그림을 보면서 다음과 같이 이야기해 보세요.

A：日本(にほん)に 行(い)った ことが ありますか。

B：はい、行(い)った ことが あります。

いいえ、行(い)った ことが ありません。

① アメリカ 미국

② イギリス 영국

③ フランス 프랑스

④ ドイツ 독일

⑤ ロシア 러시아

⑥ イタリア 이탈리아

⑦ インドネシア 인도네시아

⑧ インド 인도

⑨ イラン 이란

⑩ 日本(にほん) 일본

⑪ 中国(ちゅうごく) 중국

⑫ 台湾(たいわん) 대만

⑬ カンボジア 캄보디아

⑭ モンゴル 몽골

⑮ ニュージーランド 뉴질랜드

⑯ フィリピン 필리핀

⑰ シンガポール 싱가포르

⑱ ベトナム 베트남

⑲ スイス 스위스

⑳ メキシコ 멕시코

㉑ ブラジル 브라질

톡톡 어휘

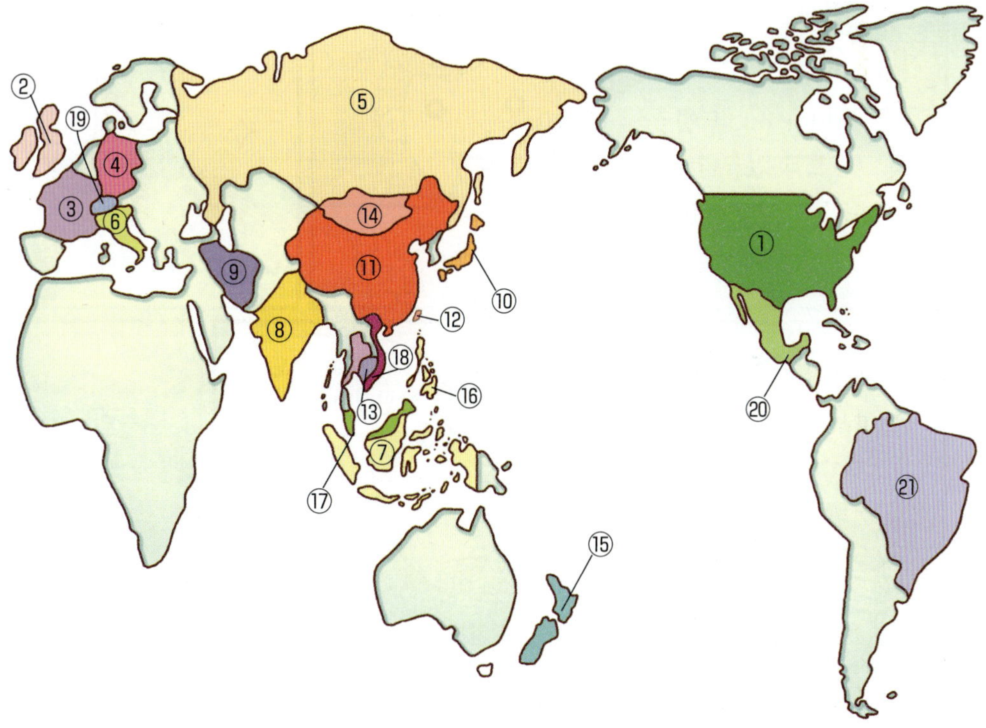

unit 09

真面目(まじめ)に 仕事(しごと)を したら どうですか。

성실하게 일하는 게 어떨까요?

학습목표 권유 제안 표현 익히기

トクトク 톡톡 회화

Dialogue

Track 09-01

ジュンス　美香さん、何を 見てるんですか。

美香　ファッションマガジンです。雑誌の スタイルを 見ながら 今度の 旅行の 服装を 考えて いました。どんな 服を 着て 行ったら いいと 思いますか。

ジュンス　別に 誰も 見ないと 思いますよ。何を 着て 行っても いい じゃ ないですか。

美香　ひどい～! ファッションリーダーの 私が 最新スタイルを みのがしては…。

ジュンス　美香さん、もっと 真面目に 仕事を したら どうですか。先月の 赤字の ことを 考えた 方が いいと 思いますよ。

美香　あ～あ、また ジュンスさんの 小言が 始まった。

낱말과 표현

服装 복장
ファッションマガジン 패션 매거진
雑誌 잡지
スタイル 스타일
～ながら ~면서
考える 생각하다
どんな 어떤
服 옷
～たら いいと 思います ~하면 좋다고 생각합니다
別に 별로
誰も 아무도
ひどい 심하다
ファッションリーダー 패션리더
最新スタイル 최신 스타일
みのがす 놓치다
もっと 좀 더
真面目に 성실하게
仕事 일
～たら どうですか ~하는 게 어떨까요?
先月 지난달
赤字 적자
～た 方が いい ~하는 편이 좋다
～と 思う ~라고 생각하다
また 또
小言が 始まる 잔소리가 시작되다

トクトク 톡톡 문법

01 동사 た형 たら いいですか ~하면 됩니까?

どうしたら いいですか。

日本(にほん)に 着(つ)いてから だれに 連絡(れんらく)したら いいですか。

誕生日(たんじょうび)プレゼントに 何(なに)を 買(か)ったら いいですか。

낱말과 표현

- どうする 어떻게 하다
- 日本(にほん) 일본
- 着(つ)く 도착하다
- だれ 누구
- 連絡(れんらく) 연락
- 誕生日(たんじょうび)プレゼント 생일선물
- 何(なに) 무엇
- 買(か)う 사다

02 동사 た형 たら どうですか ~하는 게 어떨까요?

先輩(せんぱい)に 聞(き)いたら どうですか。

一度(いちど) 会(あ)って みたら どうですか。

パーマを かけて みたら どうですか。

낱말과 표현

- 先輩(せんぱい) 선배
- 聞(き)く 듣다, 묻다
- 一度(いちど) 한 번
- 会(あ)う 만나다
- パーマ 펌, 파마
- かける 걸다, 하다, 내기하다

Track 09-02

03 동사 た형 た方(ほう)がいい(です) ~하는 편이 좋다(좋습니다)

早(はや)く 病院(びょういん)に 行(い)った 方(ほう)が いいですよ。

少(すこ)し 休(やす)んだ 方(ほう)が いいですよ。

漢字(かんじ)を 覚(おぼ)えた 方(ほう)が いいです。

낱말과 표현

早(はや)く 일찍, 빨리, 어서
病院(びょういん) 병원
行(い)く 가다
少(すこ)し 조금
休(やす)む 쉬다
漢字(かんじ) 한자
覚(おぼ)える 외우다

04 동사 ます형 ながら ~면서(동시 동작)

ギターを 弾(ひ)きながら 歌(うた)を 歌(うた)います。

音楽(おんがく)を 聞(き)きながら 勉強(べんきょう)します。

テレビを 見(み)ながら ご飯(はん)を 食(た)べます。

낱말과 표현

ギター 기타
弾(ひ)く 치다, 연주하다
歌(うた) 노래
歌(うた)う 노래 부르다
音楽(おんがく) 음악
勉強(べんきょう) 공부
ご飯(はん) 밥

トクトク 톡톡 문법

Grammar

Track09-02

05 ～と思(おも)います ~라고 생각합니다

日本語能力試験(にほんごのうりょくしけん)を 受(う)けた 方(ほう)が いいと 思(おも)います。

電話(でんわ)より メールの 方(ほう)が いいと 思(おも)います。

先生(せんせい)に 聞(き)いて みた 方(ほう)が いいと 思(おも)います。

낱말과 표현

- **能力試験**(のうりょくしけん) 능력시험
- **受ける**(う) 보다, 받다
- **思う**(おも) 생각하다
- **電話**(でんわ) 전화
- **メール** 메일
- **聞いて みる**(き) 물어보다

톡톡 패턴 Pattern practice

Track 09-03

A 보기와 같이 연습해 봅시다.

보기

友だちと けんかした・早く 仲直りする

A：友だちと けんかしました。

どうしたら いいですか。

B：早く 仲直りしたら どうですか。

1 パソコンが 故障した・アフターサービスを 受ける

2 スタイルを 変えたい・髪を 短く 切る

3 好きな 人が いる・率直に 告白する

4 頭が 痛い・薬を 飲む

낱말과 표현

けんかする 싸우다
仲直りする 화해하다
パソコン 컴퓨터
故障する 고장 나다
アフターサービス 애프터 서비스
スタイル 스타일
変える 바꾸다
髪 머리카락
短く 짧게
切る 자르다
率直に 솔직하게
告白する 고백하다
痛い 아프다
薬を飲む 약을 먹다

톡톡 패턴

B

Track 09-04

보기

A：どうしたんですか。

B：ちょっと 頭(あたま)が 痛(いた)いんです。

A：じゃ、薬(くすり)を 飲(の)んだ 方(ほう)が いいですよ。

ちょっと 頭(あたま)が 痛(いた)い・薬(くすり)を 飲(の)む

1 お腹(なか)が 痛(いた)い・早(はや)く 病院(びょういん)に 行(い)く

2 風邪気味(かぜぎみ)だ・家(いえ)に 帰(かえ)って 休(やす)む

3 明日(あした)が 試験(しけん)だ・図書館(としょかん)で 勉強(べんきょう)する

4 カードを なくした・クレジットカード会社(がいしゃ)に 連絡(れんらく)する

낱말과 표현

どうしたんですか 왜 그러세요?	帰(かえ)る 돌아가다	なくす 잃어버리다
お腹(なか) 배	休(やす)む 쉬다	クレジットカード 신용카드
病院(びょういん) 병원	試験(しけん) 시험	連絡(れんらく)する 연락하다
風邪気味(かぜぎみ) 감기 기운	カード 카드	

Pattern practice

Track 09-05

C

보기

インターネットを する・テレビを 見る

インターネットを しながら テレビを 見ます。

1 鏡を 見る・歯を 磨く

2 音楽を 聞く・コーヒーを 飲む

3 動画を 見る・講義を 聞く

4 レシピを 見る・料理を 作る

낱말과 표현

鏡 거울
歯を 磨く 이를 닦다
動画 동영상
講義 강의
レシピ 조리법, 요리법
料理 요리
作る 만들다

톡톡 체크 Check

어휘·문법

①~④ 중에서 가장 알맞은 것을 골라 O표 하세요.

1 カフェで コーヒーを ＿＿★＿＿ 音楽(おんがく)を 聞(き)いて います。

① 飲(の)みながら　② 飲(の)むながら　③ 飲(の)みたり　④ 飲(の)んだり

2 A: 頭(あたま)が 痛(いた)いです。どうしたら いいですか。

B: 薬(くすり)を ＿＿★＿＿ どうですか。

① 飲(の)んだり　② 飲(の)んだら　③ 飲(の)みながら　④ 飲(の)んたら

3 A: このごろ 太(ふと)って 大変(たいへん)です。

B: ダイエット ＿＿★＿＿ ほうが いいですよ。

① します　② する　③ した　④ しました

청취

Track 09-06

잘 듣고 ①~③중에서 질문의 답으로 가장 알맞은 것을 골라 O표 하세요.

1 高橋(たかはし)さん、今(いま) 何(なに)を して いますか。

①　②　③

2 スタイルを 変(か)えて みたいですが、どうしたら いいですか。

①　②　③

3 日本(にほん)の 会社(かいしゃ)に 就職(しゅうしょく)したいんですが、どうしたら いいですか。

①　②　③

톡톡 펜맨십

Kanji & Katakana

한자

だれ 誰 누구	だれ 誰	だれ 誰		
しごと 仕事 일	しごと 仕事	しごと 仕事		
ざっし 雑誌 잡지	ざっし 雑誌	ざっし 雑誌		
さいしん 最新 최신	さいしん 最新	さいしん 最新		
こごと 小言 잔소리	こごと 小言	こごと 小言		
あかじ 赤字 적자	あかじ 赤字	あかじ 赤字		

가타카나

ファッション 패션	ファッション	
マガジン 매거진	マガジン	
リーダー 리더	リーダー	

권유형으로 말해보기

Track 09-07

보기

그림을 보면서 다음과 같이 이야기해 보세요.

A：もっと 楽(たの)しく 日本語(にほんご)の 勉強(べんきょう)を したいです。どうしたら いいですか。

B：日本(にほん)の 音楽(おんがく)を 聞(き)いたり 日本(にほん)の 映画(えいが)を 見(み)たり したら どうですか。

日本(にほん)に 遊(あそ)びに 行(い)く
일본에 놀러 가다

日本人(にほんじん)の 友(とも)だちを 作(つく)る
일본인 친구를 만들다

日本(にほん)の ドラマを 見(み)る
일본 드라마를 보다

日本(にほん)の アニメを 見(み)る
일본 애니메이션을 보다

日本人(にほんじん)と チャットする
일본인과 채팅하다

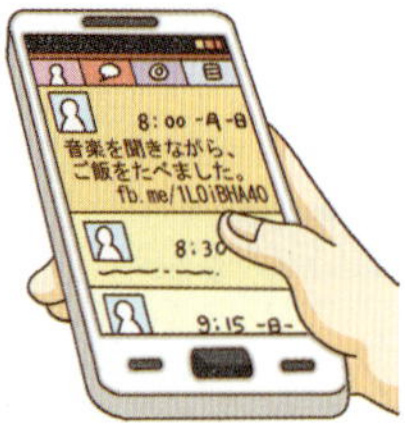

日本語(にほんご)で ツイッターを する
일본어로 트위터를 하다

톡톡 어휘

日本語の 動画講義を 聞く
일본어 동영상 강의를 듣다

日本の 小説を 読む
일본 소설을 읽다

日本語で 日記を つける
일본어로 일기를 쓰다

日本語で メールを 書く
일본어로 메일을 쓰다

日本語で メモする
일본어로 메모하다

日本語で 電話する
일본어로 전화하다

日本語で 考える
일본어로 생각하다

日本の ニュースを 聞く
일본 뉴스를 듣다

日本の 雑誌を 見る
일본 잡지를 보다

unit 10

怒(おこ)らないで ください。

화내지 말아 주세요.

학습목표 각 품사의 부정형과 부정형과 관련된 표현 익히기

トクトク 톡톡 회화

Dialogue

Track 10-01

美香(みか)	今日(きょう)は ジュンスさんが おいしいの おごって ください。
ジュンス	学生(がくせい)の 僕(ぼく)が 会社員(かいしゃいん)の 美香(みか)さんに?
美香(みか)	実(じつ)は 今月(こんげつ)も 赤字(あかじ)に なっちゃって…。
ジュンス	え、また 今月(こんげつ)も 赤字(あかじ)なんですか。
美香(みか)	また 高(たか)い ブランドバッグを 買(か)っちゃって…。
ジュンス	美香(みか)さんは ショッピングに 行(い)かない 方(ほう)が いいですよ。もう 少(すこ)し 節約(せつやく)しながら 計画的(けいかくてき)に お金(かね)を 使(つか)ったら どうですか。
美香(みか)	じゃ、今日(きょう)は 何(なに)も 食(た)べないで 帰(かえ)った 方(ほう)が いいですね。
ジュンス	おごりますよ。おごりますから、怒(おこ)らないで ください。

낱말과 표현

- ～の ~것
- おごる 쏘다, 한턱내다
- 学生(がくせい) 학생
- 会社員(かいしゃいん) 회사원
- 実(じつ)は 실은
- 今月(こんげつ) 이번 달
- ～も ~도
- 赤字(あかじ)に なる 적자가 되다
- なっちゃって 되어 버려서
- また 또
- 高(たか)い 비싸다
- ブランドバッグ 브랜드백, 명품 가방
- 買(か)う 사다
- ショッピング 쇼핑
- ～ない 方(ほう)が いい ~지 않는 편이 좋다
- もう 少(すこ)し 좀 더
- 節約(せつやく) 절약
- 計画的(けいかくてき) 계획적
- 使(つか)う 사용하다, 쓰다
- 何(なに)も 아무것도
- ～ないで ~않고
- 帰(かえ)る 돌아가다
- 怒(おこ)る 화내다
- ～ないで ください ~지 말아 주세요

톡톡 문법

01 각 품사의 부정형(ない형)

① 동사의 부정형

1그룹 동사

어미 う단 → あ단 + ない	
기본형	ない형
行(い)く 가다	行(い)かない 가지 않다
泳(およ)ぐ 헤엄치다	泳(およ)がない 헤엄치지 않다
話(はな)す 이야기하다	話(はな)さない 이야기하지 않다
待(ま)つ 기다리다	待(ま)たない 기다리지 않다
死(し)ぬ 죽다	死(し)なない 죽지 않다
遊(あそ)ぶ 놀다	遊(あそ)ばない 놀지 않다
飲(の)む 마시다	飲(の)まない 마시지 않다
降(ふ)る 내리다	降(ふ)らない 내리지 않다
예외 う ⇒ わない 예 会(あ)う 만나다 ⇒ 会(あ)わない 만나지 않다 吸(す)う 피우다 ⇒ 吸(す)わない 피우지 않다	

2그룹 동사

어간 + ない	
기본형	ない형
起(お)きる 일어나다	起(お)きない 일어나지 않다
見(み)る 보다	見(み)ない 보지 않다
食(た)べる 먹다	食(た)べない 먹지 않다
寝(ね)る 자다	寝(ね)ない 자지 않다

Track 10-02

3그룹 동사

기본형	ない형
来る(くる) 오다	来ない(こない) 오지 않다
する 하다	しない 하지 않다

② 명사의 부정형: 명사 + では(じゃ) ない

日本人(にほんじん)では(じゃ) ない。

恋人(こいびと)では(じゃ) ない。

낱말과 표현

恋人(こいびと) 애인

톡톡 문법

③ い형용사의 부정형 : い형용사 어간 + く　ない

おいしく ない。

安(やす)く ない。

낱말과 표현

おいしい 맛있다

安(やす)い 싸다

④ な형용사의 부정형 : な형용사 어간 + では(じゃ) ない

親切(しんせつ)じゃ ない。

真面目(まじめ)じゃ ない。

낱말과 표현

親切(しんせつ)だ 친절하다

真面目(まじめ)だ 성실하다

Track10-02

02 동사 ないで ~지 않고, ~지 말고

昨日は 全然 寝ないで レポートを 書きました。

全然 勉強しないで 寝て しまいました。

泣かないで 私の 話を 聞いて ください。

낱말과 표현

昨日 어제
全然 전혀
寝る 자다
レポート 리포트
~て しまう ~해 버리다
泣く 울다
話 이야기
聞く 듣다

03 동사 ないで ください ~지 말아 주세요

ここでは 写真を 撮らないで ください。

私を 忘れないで ください。

授業に 欠席しないで ください。

낱말과 표현

ここでは 여기서는
写真 사진
撮る 찍다
忘れる 잊다
授業 수업
欠席 결석

톡톡 문법 Grammar

Track10-02

04 동사 ない方(ほう)がいい ~지 않는 편이 좋다

タバコは 吸(す)わない 方(ほう)が いいです。

無理(むり)しない 方(ほう)が いいです。

あまり 考(かんが)えない 方(ほう)が いいです。

낱말과 표현

- タバコ 담배
- 吸(す)う 피우다
- 無理(むり)だ 무리다
- あまり 별로, 그다지
- 考(かんが)える 생각하다

05 동사 てしまう(ちゃう) ~고 말다, ~해 버리다

ペットが 死(し)んで しまいました。

(= 死(し)んじゃいました)

全部(ぜんぶ) 食(た)べて しまいました。

(= 食(た)べちゃいました)

試験(しけん)に 落(お)ちて しまった。(= 落(お)ちちゃった)

낱말과 표현

- ペット 애완동물
- 死(し)ぬ 죽다
- 全部(ぜんぶ) 전부
- 食(た)べる 먹다
- 試験(しけん) 시험
- 落(お)ちる 떨어지다

톡톡 패턴 Pattern practice

Track 10-03

A 보기와 같이 연습해 봅시다.

보기

あの、すみません。

タバコを 吸(す)わないで ください。

タバコを 吸(す)う

1 ガムを かむ

2 大(おお)きい 声(こえ)で 話(はな)す

3 お酒(さけ)を 飲(の)む

4 いたずらを する

5 写真(しゃしん)を 撮(と)る

6 ここに 車(くるま)を 止(と)める

낱말과 표현

すみません 죄송합니다	声(こえ) 목소리	いたずらを する 장난치다
ガム 껌	話(はな)す 이야기하다	写真(しゃしん) 사진
かむ 물다, 씹다	お酒(さけ) 술	撮(と)る 찍다
大(おお)きい 크다, 큰	飲(の)む 마시다	止(と)める 세우다

톡톡 패턴

B

Track 10-04

보기

髪(かみ)を 短(みじか)く 切(き)る

A：髪(かみ)を 短(みじか)く 切(き)った 方(ほう)が いいですか。

B：いいえ、短(みじか)く 切(き)らない 方(ほう)が いいと 思(おも)います。

1 留学(りゅうがく)に 行(い)く

2 あそこで 働(はたら)く

3 恋人(こいびと)と 別(わか)れる

4 早(はや)く 結婚(けっこん)する

낱말과 표현

髪(かみ) 머리카락
短(みじか)く 짧게
切(き)る 자르다
留学(りゅうがく) 유학
あそこ 저곳, 저기
働(はたら)く 일하다
恋人(こいびと) 애인
別(わか)れる 헤어지다
早(はや)く 빨리
結婚(けっこん)する 결혼하다

Pattern practice

C

Track 10-05

보기

ペットが 死ぬ

A：どうしたんですか。

B：ペットが 死んじゃったんです。

1 大事な コップを 割る

2 試験中 寝る

3 会議に 遅れる

4 パソコンが 故障する

낱말과 표현

ペット 애완동물	割る 깨다	遅れる 늦다
死ぬ 죽다	試験中 시험 중	パソコン 컴퓨터
大事だ 소중하다, 중요하다	寝る 자다	故障する 고장 나다
コップ 컵	会議 회의	

トクトク 톡톡 체크 Check

어휘·문법

①~④ 중에서 가장 알맞은 것을 골라 O표 하세요.

1 明日(あした)は 試験(しけん)ですから 今晩(こんばん)は ＿＿★＿＿ 勉強(べんきょう)します。

① 寝(ね)ながら　② 寝(ね)ないで　③ 遊(あそ)びながら　④ 食(た)べないで

2 A: 彼(かれ)に 話(はな)した 方(ほう)が いいですか。

B: いいえ、まだ ＿＿★＿＿ 方(ほう)が いいと 思(おも)います。

① 話(はな)す　② 話(はな)した　③ 話(はな)さない　④ 話(はな)し

3 A: どうしたんですか。

B: 電車(でんしゃ)の 中(なか)で 財布(さいふ)を ＿＿★＿＿んです。

① 忘(わす)れちゃった　② 忘(わす)れじゃった　③ 忘(わす)れて　④ 忘(わす)れてしまう

청취

Track 10-06

잘 듣고 ①~④중에서 질문의 답으로 가장 알맞은 것을 골라 O표 하세요.

1 女(おんな)の 人(ひと)は 今日(きょう) 何(なに)を しますか。

① 寝(ね)ないで 遊(あそ)ぶ　② 寝(ね)ないで テレビを 見(み)る

③ 寝(ね)ないで 勉強(べんきょう)する　④ 寝(ね)ないで お酒(さけ)を 飲(の)む

2 男(おとこ)の 人(ひと)は 今日(きょう) どうしますか。

① お酒(さけ)を 飲(の)んで 家(いえ)に 帰(かえ)る　② お酒(さけ)を 飲(の)まないで 家(いえ)に 帰(かえ)る

③ お酒(さけ)を 飲(の)んで 家(いえ)に 帰(かえ)らない　④ お酒(さけ)を 飲(の)まないで 家(いえ)に 帰(かえ)らない

3 女(おんな)の 人(ひと)は どうしますか。

① 会議(かいぎ)に 行(い)く　② 会議(かいぎ)に 行(い)かない　③ 家(いえ)に 帰(かえ)る　④ 食事(しょくじ)に 行(い)く

톡톡 펜맨십

Kanji & Katakana

한자

せつやく	せつやく	せつやく		
節約 절약	節約	節約		

けいかくてき	けいかくてき	けいかくてき		
計画的 계획적	計画的	計画的		

じゅぎょう	じゅぎょう	じゅぎょう		
授業 수업	授業	授業		

けっせき	けっせき	けっせき		
欠席 결석	欠席	欠席		

おこ る	おこ る	おこ る		
怒る 화내다	怒る	怒る		

가타카나

ブランド 브랜드	ブランド	
レポート 리포트	レポート	
カード 카드	カード	

어떤 선택을 하는 것이 좋을까요?

Track 10-07

보기

그림을 보면서 다음과 같이 이야기해 보세요.

A：結婚(けっこん)した 方(ほう)が いいですか。

B：はい、結婚(けっこん)した 方(ほう)が いいですよ。

いいえ、 結婚(けっこん)しない 方(ほう)が いいですよ。

好(す)きな 人(ひと)に 告白(こくはく)する
좋아하는 사람에게 고백하다

図書館(としょかん)で 勉強(べんきょう)する
도서관에서 공부하다

ダイエットする
다이어트하다

ペットを 飼(か)う
애완동물을 기르다

家(いえ)を 買(か)う
집을 사다

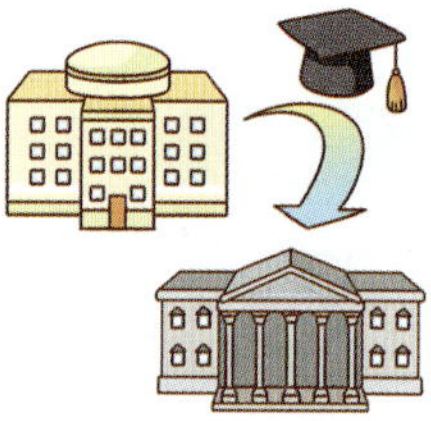

大学院(だいがくいん)に 進学(しんがく)する
대학원에 진학하다

톡톡 어휘

外国の 会社に 就職する
외국 회사에 취직하다

毎日 連絡する
매일 연락하다

秘密を 話す
비밀을 이야기하다

アルバイトする
아르바이트 하다

貯金する
저금하다

子供を 産む
아이를 낳다

親と いっしょに 住む
부모와 함께 살다

海外研修に 行く
해외 연수하러 가다

日本語能力試験を 受ける
일본어 능력시험을 치다

부록

톡톡 회화 해석
톡톡 패턴 정답
톡톡 체크 정답 및 청취 스크립트
톡톡 문법 색인(오십음도 순)

부록 톡톡 회화 해석

unit 01 親しい 友だちが いますか。 친한 친구가 있습니까? _13쪽

미카 : 아려 씨, 휴대폰의 이 사람은 누구입니까?

아려 : 아, 이 사진이요? 중국의 소꿉친구이고, 제 절친입니다.

미카 : 멋진 친구네요. 한국에도 친한 친구가 있습니까?

아려 : 아니요, 아직 친한 친구는 없습니다. 쓸쓸해서 가끔 준수 선배의 휴대폰이 부러워요.

미카 : 휴대폰이 부럽다고요?

아려 : 언제나 준수 선배 곁에 있잖아요.

미카 : 하하하. 아려 씨, 정말 귀엽네요.

unit 02 毎日 図書館で 勉強を しますか。 매일 도서관에서 공부를 합니까? _25쪽

아려 : 선배님, 선배님은 항상 수업 후에 어디에 갑니까?

준수 : 보통 도서관에 가.

아려 : 매일 도서관에서 무엇을 합니까?

준수 : 응. 시험 공부나 리포트, 인터넷 검색 등.
도서관은 쾌적해서 여러 가지로 편리해.

아려 : 그렇습니까? 그럼, 저도 오늘부터 도서관에 갈게요.

준수 : 그래? 그럼 내가 안내할게.

아려 : 정말이요? 감사합니다.

unit 03 コンサートに 行きませんか。 콘서트에 가지 않겠습니까? _41쪽

주원 : 나카무라 씨, 이번 주 토요일 콘서트에 가지 않겠습니까?

미카 : 무슨 콘서트인데요?

주원 : 록 콘서트입니다. 한국의 전설적인 가수들이 많이 나와요.

미카 : 하지만 티켓이 비싸지 않나요?

주원 : 하하하. 실은 초대 이벤트에 당첨되었어요. 티켓은 공짜입니다.

미카 : 굉장해요!! 그럼 콘서트 후 멋진 레스토랑에서 식사라도 해요.
저녁식사는 제가 쏠게요.

주원 : 그럼, 토요일 오후 나카무라 씨 집으로 마중 나갈까요?

미카 : 그건 좀. 콘서트장 앞에서 만나요.

unit 04 どんな 人(ひと)に なりたいですか。 어떤 사람이 되고 싶습니까? _53쪽

아려 : 선배님은 앞으로 어디에 취직하고 싶습니까?

준수 : 취직도 중요하지만, 자신의 꿈이나 목표가 더 중요하지 않을까?

아려 : 역시 이 선배!! 선배님의 꿈은 무엇입니까?

준수 : 나는 모두에게 도움이 되는 훌륭한 사회인이 되고 싶어.

아려 : 멋있어요.

준수 : 아려는 어떤 사람이 되고 싶니?

아려 : 저는 그 훌륭한 사회인의 부인이 되고 싶어요.

unit 05 ちょっと 助(たす)けて ください。 좀 도와주세요. _65쪽

아려 : 선배님! 좀 도와주세요.

준수 : 무슨 일이니?

아려 : 앱을 다운로드하고 있는데, 잘 안 돼요.

준수 : 그래? 좀 보여줘.

아려 : 이건데요.

준수 : 아, 이거 간단해. 우선 이 사이트에 가입하고 나서 이 버튼을 눌러서 다운로드.

아려 : 하지만 왠지 잘 모르겠어요.

준수 : 그럼 내가 할게.

아려 : 감사합니다. 정말 도움이 됩니다.

unit 06 着物(きもの)を 着(き)て いる 方(かた)は お母(かあ)さんですか。 기모노를 입고 있는 분은 어머님이십니까? _79쪽

주원 : 이 기모노를 입고 있는 분은 어머님이십니까?

미카 : 네, 저희 엄마예요.

주원 : 예쁜 분이시네요. 나카무라 씨는 어머님을 닮았어요.
그럼 이 분이 아버지시고, 이 분은 오빠이신가요?

미카 : 아니요, 남동생이에요.

주원 : 남동생분이군요. 남동생분은 대학생입니까?

미카 : 네, 대학에서 경영을 전공하고 있어요. 주원 씨의 형제분은요?

주원 : 저는 형제가 없어요. 부모님과 저 3인가족입니다.

미카 : 외동아들이에요? 부럽네요.

unit 07 約束(やくそく)の 時間(じかん)に 遅(おく)れても いいですか。 약속 시간에 늦어도 됩니까? _93쪽

아려 : 미카 씨, 지금 뭐하고 있어요?

미카 : 심리테스트를 하고 있어요.

아려 : 그래요? 무슨 심리테스트인데요?

미카 : 연애 심리테스트예요. 아려 씨도 해볼래요?
질문 1, 남자친구가 약속 시간에 늦어도 됩니까?

아려 : 저는 전혀 상관없어요. 한 시간 정도는 늦어도 돼요.

미카 : 어머~!! 전 절대 안 돼요. 10분 정도는 봐줄 수 있지만.

아려 : 하지만 미카 씨도 자주 약속 시간에 늦잖아요.

미카 : 아, 그것은 그…….

unit 08 中国(ちゅうごく)に 行(い)った ことが ありますか。 중국에 간 적이 있습니까? _107쪽

아려 : 미카 씨는 중국에 간 적이 있습니까?

미카 : 네, 한 번 간 적이 있어요.

아려 : 중국의 어디에 갔었나요?

미카 : 하이난이요. 정말로 아름다웠어요
요리도 맛있었고, 호텔도 최고였어요.
바다에서 헤엄치기도 하고 쇼핑센터에서 쇼핑하기도 하고, 정말로 즐거웠어요.

아려 : 그렇습니까? 그럼 북경에는 간 적이 없겠네요.

미카 : 가고 싶지만 좀처럼 기회가 없어서…….

아려 : 그럼, 이번 여름방학에 한 번 놀러오세요. 제가 안내할 테니까요.

미카 : 정말요? 꼭 부탁해요.

unit 09 真面目に 仕事を したら どうですか。 성실하게 일하는 게 어떨까요? _123쪽

준수 : 미카 씨, 무엇을 보고 있습니까?

미카 : 패션 잡지예요. 잡지의 스타일을 보면서 이번 여행의 복장을 생각하고 있었어요.
어떤 옷을 입고 가면 좋을까요?

준수 : 별로 아무도 안 볼 거라고 생각해요.
무엇을 입고 가든 상관없잖아요.

미카 : 너무해요. 패션 리더인 내가 최신 스타일을 놓쳐서는…….

준수 : 미카 씨, 좀더 성실하게 일하는 게 어떨까요?
지난 달 적자를 생각하는 편이 좋다고 생각해요.

미카 : 아아, 또 준수 씨의 잔소리가 시작되었네.

unit 10 怒らないで ください。 화내지 말아 주세요. _135쪽

미카 : 오늘은 준수 씨가 맛있는 것 사주세요.

준수 : 학생인 제가 회사원인 미카 씨에게?

미카 : 실은 이번 달도 적자가 돼버려서…….

준수 : 네, 이번 달도 적자예요?

미카 : 또 비싼 명품 가방을 사버려서…….

준수 : 미카 씨는 쇼핑을 하지 않는 편이 좋아요.
좀 더 절약하면서 계획적으로 돈을 쓰는 게 어때요?

미카 : 그럼, 오늘은 아무것도 먹지 않고 돌아가는 편이 좋겠네요.

준수 : 살게요. 살 테니까, 화내지 말아 주세요.

부록 톡톡 패턴 정답

unit01 톡톡 패턴 A_본 책 17쪽

1 B: いすは 机の 前に あります。

2 B: ファックスは 机の 横に あります。

3 B: コピー機は ファックスの 後ろに あります。

4 B: プリンターは パソコンの 右に あります。

unit01 톡톡 패턴 B_본 책 18쪽

1 B: 銀行は 郵便局の 隣に あります。

2 B: 薬局は 病院の 後ろに あります。

3 B: デパートは 病院の 向かいに あります。

4 B: コンビニは 銀行の 近くに あります。

unit01 톡톡 패턴 C_본 책 19쪽

1 B: 中村さんは イさんの そばに います。

2 B: アリョさんは 中村さんの 前に います。

3 B: 犬は アリョさんの 横に います。

4 B: 猫は ソファーの 上に います。

unit02 톡톡 패턴 A_본 책 33쪽

1 A: タバコを 吸いますか。
B: はい、吸います。
いいえ、吸いません。

2 A: 手紙を 書きますか。
B: はい、書きます。
いいえ、書きません。

3 A: 海で 泳ぎますか。
B: はい、泳ぎます。
いいえ、泳ぎません。

4 A: 薬を 飲みますか。
B: はい、飲みます。
いいえ、飲みません。

5 A: ニュースを 見ますか。
B: はい、見ます。
いいえ、見ません。

6 A: 毎日 散歩しますか。
B: はい、散歩します。
いいえ、散歩しません。

unit02 톡톡 패턴 B_본 책 34쪽

1 A: 友だちに 会いましたか。
B: はい、会いました。
いいえ、会いませんでした。

2 A: 料理を 作りましたか。
B: はい、作りました。
いいえ、作りませんでした。

3 A: お風呂に 入りましたか。
B: はい、入りました。
いいえ、入りませんでした。

4 A: 試験を 受けましたか。

B: はい、受けました。

いいえ、受けませんでした。

5 A: アルバイトを しましたか。

B: はい、しました。

いいえ、しませんでした。

6 A: 日本語の 勉強を しましたか。

B: はい、勉強しました。

いいえ、勉強しませんでした。

unit02 톡톡 패턴 C_본 책 35쪽

1 A: 何を 買いましたか。

B: 本を 買いました。

2 A: どこに 行きましたか。

B: トイレに 行きました。

3 A: 何時に 帰りましたか。

B: 9時に 帰りました。

4 A: 何を 見ましたか。

B: 映画を 見ました。

5 A: だれに 会いましたか。

B: 恋人に 会いました。

6 A: どこで 会いましたか。

B: 会社の 前で 会いました。

unit03 톡톡 패턴 A_본 책 45쪽

1 B: 花屋に 花を 買いに 行きます。

2 B: 学校に 講義を 聞きに 行きます。

3 B: 居酒屋に お酒を 飲みに 行きます。

4 B: 野球場に 野球を 見に 行きます。

5 B: カフェに コーヒーを 飲みに 行きます。

6 B: 公園に 散歩しに 行きます。

unit03 톡톡 패턴 B_본 책 46쪽

1 A: 今週の 土曜日 旅行に 行きませんか。

2 A: 今週の 土曜日 ゴルフに 行きませんか。

3 A: 今週の 土曜日 山登りに 行きませんか。

4 A: 今週の 土曜日 ハイキングに 行きませんか。

5 A: 今週の 土曜日 スキーに 行きませんか。

6 A: 今週の 土曜日 ドライブに 行きませんか。

unit03 톡톡 패턴 C_본 책 47쪽

1 A: 明日 いっしょに 映画館に 映画を 見に 行きましょうか。

2 A: 明日 いっしょに レストランに 食事を しに 行きましょうか。

3 A: 明日 いっしょに 美術館に 展覧会を 見に 行きましょうか。

부록 톡톡 패턴 정답

4 A: 明日 いっしょに デパートに ショッピングを しに 行きましょうか。

5 A: 明日 いっしょに 遊園地に 遊びに 行きましょうか。

6 A: 明日 いっしょに ホンデの クラブに 踊りに 行きましょうか。

unit04 톡톡 패턴 A_본 책 57쪽

1 A: 車を 買いたいですか。
B: はい、買いたいです。
いいえ、買いたくないです。

2 A: 日本語で 話したいですか。
B: はい、話したいです。
いいえ、話したくないです。

3 A: 友だちと 遊びたいですか。
B: はい、遊びたいです。
いいえ、遊びたくないです。

4 A: お酒を 飲みたいですか。
B: はい、飲みたいです。
いいえ、飲みたくないです。

5 A: 朝早く 起きたいですか。
B: はい、起きたいです。
いいえ、起きたくないです。

6 A: 図書館で 勉強したいですか。
B: はい、勉強したいです。
いいえ、勉強したくないです。

unit04 톡톡 패턴 B_본 책 58쪽

1 B: 歌手に なりたいです。

2 B: 作家に なりたいです。

3 B: 記者に なりたいです。

4 B: 銀行員に なりたいです。

5 B: プログラマーに なりたいです。

6 B: デザイナーに なりたいです。

unit04 톡톡 패턴 C_본 책 59쪽

1 B: 靴が 一番 ほしいです。

2 B: スーツが 一番 ほしいです。

3 B: 電子辞書が 一番 ほしいです。

4 B: 自転車が 一番 ほしいです。

5 B: 車が 一番 ほしいです。

6 B: かばんが 一番 ほしいです。

unit05 톡톡 패턴 A_본 책 70쪽

1 友だちに 会って 話を します。

2 話を よく 聞いて 答えます。

3 朝早く 起きて ジョギングを します。

4 クリックして ファイルを 開けます。

unit05 톡톡 패턴 B_본책 71쪽

1 シャワーを 浴びてから 髪を 洗います。

2 ご飯を 食べてから お水を 飲みます。

3 宿題を してから 少し 休みます。

4 ラーメンの スープを 入れてから めんを 入れます。

unit05 톡톡 패턴 C_본책 72쪽

1 少し 待って ください。

2 メールを 送って ください。

3 こちらを 見て ください。

4 アプリを ダウンロードして ください。

5 資料を コピーして ください。

6 早く 来て ください。

unit05 톡톡 패턴 D_본책 73쪽

1 B: メールを 書いて います。

2 B: 料理を 作って います。

3 B: 新聞を 読んで います。

4 B: 日本の ドラマを 見て います。

5 B: 宿題を して います。

6 B: 部屋の 掃除を して います。

unit06 톡톡 패턴 A_본책 85쪽

1 A: キムさんの お祖父様ですか。

B: はい、私の 祖父です。

2 A: キムさんの お祖母様ですか。

B: はい、私の 祖母です。

3 A: キムさんの お母さんですか。

B: はい、私の 母です。

4 A: キムさんの お兄さんですか。

B: はい、私の 兄です。

5 A: キムさんの お姉さんですか。

B: はい、私の 姉です。

6 A: キムさんの 奥さんですか。

B: はい、私の 妻です。

unit06 톡톡 패턴 B_본책 86쪽

1 A: イさんは どの 人ですか。

B: 帽子を かぶって いる 人です。

2 A: キムさんは どの 人ですか。

B: コートを 着て いる 人です。

3 A: 鈴木さんは どの 人ですか。

B: サングラスを かけて いる 人です。

4 A: ワンさんは どの 人ですか。

B: ヘアーバンドを して いる 人です。

부록 톡톡 패턴 정답

unit06 톡톡 패턴 C_본 책 87쪽

1 B: 父(ちち)と 母(はは)と 兄(あに)と 私(わたし)、4人家族(にんかぞく)です。

2 B: 祖母(そぼ)と 両親(りょうしん)と 妹(いもうと)と、私(わたし) 5人家族(にんかぞく)です。

3 B: 父(ちち)と 母(はは)と 姉(あね)と 私(わたし)、4人家族(にんかぞく)です。

4 B: 妻(つま)と 息子(むすこ)と 娘(むすめ)と 私(わたし)、4人家族(にんかぞく)です。

unit07 톡톡 패턴 A_본 책 99쪽

1 A: 韓国語(かんこくご)で 話(はな)しても いいですか。

B: いいえ、日本語(にほんご)で 話(はな)して ください。

2 A: 私服(しふく)を 着(き)ても いいですか。

B: いいえ、ユニホームを 着(き)て ください。

3 A: 友(とも)だちと 行(い)っても いいですか。

B: いいえ、一人(ひとり)で 来(き)て ください。

4 A: ファックスで 送(おく)っても いいですか。

B: いいえ、郵便(ゆうびん)で 送(おく)って ください。

unit07 톡톡 패턴 B_본 책 100쪽

1 A: 友(とも)だちに 話(はな)しても いいですか。

B: いいえ、話(はな)しては いけません。これは 秘密(ひみつ)です。

2 A: ちょっと 入(はい)っても いいですか。

B: いいえ、入(はい)っては いけません。
今(いま)は 会議中(かいぎちゅう)です。

3 A: 窓(まど)を 開(あ)けても いいですか。

B: いいえ、開(あ)けては いけません。冷房中(れいぼうちゅう)です。

4 A: ここに 車(くるま)を 止(と)めても いいですか。

B: いいえ、止(と)めては いけません。駐車禁止区域(ちゅうしゃきんしくいき)です。

unit07 톡톡 패턴 C_본 책 101쪽

1 A: 乗(の)って みますか。

B: はい、一度(いちど) 乗(の)って みたいです。

2 A: 作(つく)って みますか。

B: はい、一度(いちど) 作(つく)って みたいです。

3 A: 着(き)て みますか。

B: はい、一度(いちど) 着(き)て みたいです。

4 A: 食(た)べて みますか。

B: はい、一度(いちど) 食(た)べて みたいです。

5 A: やって みますか。

B: はい、一度(いちど) やって みたいです。

6 A: 履(は)いて みますか。

B: はい、一度(いちど) 履(は)いて みたいです。

unit08 톡톡 패턴 A_본 책 114쪽

1 B: 映画(えいが)を 見(み)たり、友(とも)だちに 会(あ)ったり します。

2 B: コンサートに 行(い)ったり、ドライブに 行(い)ったり します。

3 B: 音楽(おんがく)を 聞(き)いたり、本(ほん)を 読(よ)んだり します。

4 B: 掃除(そうじ)を したり、洗濯(せんたく)を したり します。

unit08 톡톡 패턴 B_본 책 115쪽

1 A: 遊園地では 何を しますか。

B: 乗り物に 乗ったり、デートを したり します。

2 A: 図書館では 何を しますか。

B: 本を 借りたり、勉強したり します。

3 A: 野球場では 何を しますか。

B: 野球を 見たり、チアガールと 応援したり します。

4 A: カフェでは 何を しますか。

B: コーヒーを 飲んだり、友だちと 話したり します。

unit08 톡톡 패턴 C_본 책 116쪽

1 A: 日本語で 手紙を 書いた ことが ありますか。

B: はい、書いた ことが あります。

いいえ、書いた ことが ありません。

2 A: 日本の 料理を 作った ことが ありますか。

B: はい、作った ことが あります。

いいえ、作った ことが ありません。

3 A: ご両親に うそを ついた ことが ありますか。

B: はい、うそを ついた ことが あります。

いいえ、うそを ついた ことが ありません。

4 A: コンビニで アルバイトを した ことが ありますか。

B: はい、した ことが あります。

いいえ、した ことが ありません。

unit08 톡톡 패턴 D_본 책 117쪽

1 A: あの レストランは どうでしたか。

B: 雰囲気も よかったし、店員も 親切だったです。

2 A: 映画は どうでしたか。

B: 俳優の 演技も よかったし、ストーリーも おもしろかったです。

3 A: デパートは どうでしたか。

B: 建物も 新しかったし、品物も 多かったです。

4 A: 面接は どうでしたか。

B: 質問も 難しかったし、体の 調子も 悪かったです。

unit09 톡톡 패턴 A_본 책 127쪽

1 A: パソコンが 故障しました。どうしたら いいですか。

B: アフターサービスを 受けたら どうですか。

2 A: スタイルを 変えたいです。どうしたら いいですか。

B: 髪を 短く 切ったら どうですか。

3 A: 好きな 人が います。どうしたら いいですか。

B: 率直に 告白したら どうですか。

4 A: 頭が 痛いです。どうしたら いいですか。

B: 薬を 飲んだら どうですか。

부록 톡톡 패턴 정답

unit09 톡톡 패턴 B_본 책 128쪽

1 B: お腹が 痛いんです。

A: じゃ、早く 病院に 行った 方が いいですよ。

2 B: 風邪気味なんです。

A: じゃ、家に 帰って 休んだ 方が いいですよ。

3 B: 明日が 試験なんです。

A: じゃ、図書館で 勉強した 方が いいですよ。

4 B: カードを なくしたんです。

A: じゃ、クレジットカード会社に 連絡した 方が いいですよ。

unit09 톡톡 패턴 C_본 책 129쪽

1 鏡を 見ながら 歯を 磨きます。

2 音楽を 聞きながら コーヒーを 飲みます。

3 動画を 見ながら 講義を 聞きます。

4 レシピを 見ながら 料理を 作ります。

unit10 톡톡 패턴 A_본 책 141쪽

1 ガムを かまないで ください。

2 大きい 声で 話さないで ください。

3 お酒を 飲まないで ください。

4 いたずらを しないで ください。

5 写真を 撮らないで ください。

6 ここに 車を 止めないで ください。

unit10 톡톡 패턴 B_본 책 142쪽

1 A: 留学に 行った 方が いいですか。

B: いいえ、留学に 行かない 方が いいと 思います。

2 A: あそこで 働いた 方が いいですか。

B: いいえ、働かない 方が いいと 思います。

3 A: 恋人と 別れた 方が いいですか。

B: いいえ、別れない 方が いいと 思います。

4 A: 早く 結婚した 方が いいですか。

B: いいえ、早く 結婚しない 方が いいと 思います。

unit10 톡톡 패턴 C_본 책 143쪽

1 大事な コップを 割っちゃったんです。

2 試験中 寝ちゃったんです。

3 会議に 遅れちゃったんです。

4 パソコンが 故障しちゃったんです。

부록 톡톡 체크 정답 및 청취 스크립트

unit 01 親しい 友だちが いますか。
친한 친구가 있습니까?

정답 _본 책 20쪽

어휘 · 문법 1 ② 2 ③ 3 ④

청취 1 ③ 2 ① 3 ①

청취 스크립트

1 ソファーは どこに ありますか。
① 今日(きょう)は ありません。
② ソファーは ありません。
③ ドアの そばに あります。

2 中村(なかむら)さんは 今(いま) どこに いますか。
① 学校(がっこう)に います。
② ねこが います。
③ あそこに あります。

3 パクさんの 犬(いぬ)は どこに いますか。
① ドアの 横(よこ)に います。
② コップの 中(なか)に あります。
③ 私(わたし)の そばに あります。

1 소파는 어디에 있습니까?
① 오늘은 없습니다.
② 소파는 없습니다.
③ 문 옆에 있습니다.

2 나카무라 씨는 지금 어디에 있습니까?
① 학교에 있습니다.
② 고양이가 있습니다.
③ 저쪽에 있습니다.

3 박 씨의 개는 어디에 있습니까?
① 문 옆에 있습니다.
② 컵 안에 있습니다.
③ 내 옆에 있습니다.

unit 02 毎日 図書館で 勉強を しますか。
매일 도서관에서 공부를 합니까?

정답 _본 책 36쪽

어휘 · 문법 1 ① 2 ② 3 ①

청취 1 ② 2 ① 3 ③

청취 스크립트

1 明日(あした) 病院(びょういん)に 行(い)きますか。
① はい、行(い)きました。
② いいえ、行(い)きません。
③ いいえ、行(い)きませんでした。

2 勉強(べんきょう)を しましたか。
① はい、しました。
② 明日(あした) します。
③ いいえ、しません。

3 どこで 会(あ)いましたか。
① ラーメンを 食(た)べました。
② ジュースを 飲(の)みます。
③ レストランで 会(あ)いました。

1 내일 병원에 갑니까?
① 네, 갔습니다.
② 아니요, 가지 않습니다.
③ 아니요, 가지 않았습니다.

2 공부를 했습니까?
① 네, 했습니다.
② 내일 합니다.
③ 아니요, 하지 않습니다.

3 어디서 만났습니까?
① 라면을 먹었습니다.
② 주스를 마십니다.
③ 레스토랑에서 만났습니다.

unit 03 コンサートに 行きませんか。
콘서트에 가지 않겠습니까?

정답 _본책 48쪽

어휘 · 문법 1 ④ 2 ④ 3 ④

청취 1 ④ 2 ③ 3 ②

청취 스크립트

1 A: 明日(あした) ドライブに 行(い)きませんか。
B: いいですね。何時(なんじ)に 会(あ)いましょうか。
A: 午前(ごぜん) 11時(じ)ごろ どうですか。
B: 午前中(ごぜんちゅう)は ちょっと…。
A: そうですか。じゃ、夜(よる) 7時(じ)は どうですか。
B: いいですよ。明日(あした) 7時(じ)に 会(あ)いましょう。

2 A: 今週(こんしゅう)の 土曜日(どようび) 映画(えいが)を 見(み)に 行(い)きませんか。
B: いいですね。何時(なんじ)に どこで 会(あ)いましょうか。
A: 午後(ごご) 1時(じ)に カンナム駅(えき)で 会(あ)いましょう。
B: カンナム駅(えき)は 人(ひと)が 多(おお)くて。駅(えき)の 近(ちか)くの 本屋(ほんや)の 前(まえ)は どうですか。
A: いいですね。じゃ、本屋(ほんや)の 前(まえ)で 会(あ)いましょう。

3 A: もう お昼(ひる)の 時間(じかん)ですね。何(なに)か 食(た)べましょうか。
B: そうですね。ハンバーガーや ピザは どうですか。
A: ピザは ちょっと…。トンカツは どうですか。
B: いいですね。じゃ、トンカツを 食(た)べに 行(い)きましょう。

1 A : 내일 드라이브 하러 가지 않겠습니까?
B : 좋습니다. 몇 시에 만날까요?
A : 오전 11시쯤 어떻습니까?
B : 오전 중은 조금…….
A : 그렇습니까? 그럼, 저녁 7시는 어떻습니까?
B : 좋습니다. 내일 7시에 만납시다.

2 A : 이번 주 토요일에 영화 보러 가지 않겠습니까?
B : 좋습니다. 몇 시에 어디서 만날까요?
A : 오후 1시에 강남역에서 만납시다.
B : 강남역은 사람이 많아서. 역 근처의 서점 앞은 어떻습니까?
A : 좋습니다. 그럼, 서점 앞에서 만납시다.

3 A : 벌써 점심시간이네요. 뭔가 먹을까요?
B : 그러네요. 햄버거나 피자는 어떻습니까?
A : 피자는 좀……. 돈가스는 어떻습니까?
B : 좋습니다. 그럼, 돈가스를 먹으러 갑시다.

unit 04 どんな 人に なりたいですか。
어떤 사람이 되고 싶습니까?

정답 _본책 60쪽

어휘 · 문법 1 ① 2 ③ 3 ②

청취 1 ① 2 ③ 3 ②

청취 스크립트

1 将来(しょうらい) 何(なに)に なりたいですか。
① アナウンサーに なりたいです。
② 友(とも)だちです。
③ ここは 図書館(としょかん)です。

2 今(いま) 何(なに)が 一番(いちばん) ほしいですか。
① ハンバーガーが 食(た)べたいです。
② あそこに 行(い)きたいです。
③ 友(とも)だちが ほしいです。

3 結婚(けっこん)したいですか。
① はい、彼(かれ)です。

② いいえ、したく ありません。
③ はい、しました。

1 장래에 무엇이 되고 싶습니까?
① 아나운서가 되고 싶습니다.
② 친구입니다.
③ 여기는 도서관입니다.

2 지금 무엇을 가장 갖고 싶습니까?
① 햄버거를 먹고 싶습니다.
② 저기에 가고 싶습니다.
③ 친구를 갖고 싶습니다.

3 결혼하고 싶습니까?
① 네, 그입니다.
② 아니요, 하고 싶지 않습니다.
③ 네, 했습니다.

unit 05 ちょっと 助けて ください。 좀 도와주세요.

정답 _본 책 74쪽

어휘 · 문법	1 ①	2 ③	3 ③
청취	1 ④	2 ①	3 ②

청취 스크립트

1 A: 佐藤さん、どこに 行きますか。
B: 図書館に 行きます。
A: そうですか。じゃ、いっしょに 行きましょう。
B: あ！すみません。私は 銀行に 行ってから 図書館に 行きます。

2 A: 今 何を して いますか。
B: レポートを 書いて います。
A: そうですか。大変ですね。コーヒーでも 飲んでから どうですか。
B: ありがとうございます。でも まず レポートを 書いてから 休みます。

3 A: 私は ご飯を 食べてから コーヒーを 飲みますけど、田中さんは コーヒーを 飲んでから ご飯を 食べますね。
B: ハハハ。コーヒーが 好きで いつも 飲んで いますから。仕事も コーヒーを 飲んでから 始めるんです。
A: そうですか。

1 A : 사토 씨, 어디에 갑니까?
B : 도서관에 갑니다.
A : 그렇습니까? 그럼, 같이 갑시다.
B : 아! 미안합니다. 저는 은행에 가고 나서 도서관에 가겠습니다.

2 A : 지금 무엇을 하고 있습니까?
B : 리포트를 쓰고 있습니다.
A : 그렇습니까? 힘들겠네요.
커피라도 마시고 나서 어떻습니까?
B : 고맙습니다.
하지만 우선 리포트를 쓰고 나서 쉬겠습니다.

3 A : 저는 밥을 먹고 나서 커피를 마십니다만, 다나카 씨는 커피를 마시고 나서 밥을 먹는군요.
B : 하하하. 커피가 좋아서 항상 마시니까요.
일도 커피를 마시고 나서 시작합니다.
A : 그렇습니까?

unit 06 着物を 着ている 方が お母さんですか。 기모노를 입고 있는 분이 어머님이십니까?

정답 _본 책 88쪽

어휘 · 문법	1 ②	2 ③	3 ④
청취	1 ②	2 ②	3 ①

청취 스크립트

1 A: 先生は 何人家族ですか。
B: 父と 母と 私と 弟 4 人家族です。
A: 韓国に 住んで いますか。
B: いいえ、みんな 日本に 住んで います。

2 A: お父さんは 何を して いますか。
B: 父は 会社員です。ソウルの 会社で 働いて います。
A: お母さんも 働いて いますか。
B: いいえ、母は 主婦です。

3 A: 佐藤さんは 何人家族ですか。
B: 両親と 妹と 私 4人家族です。
A: そうですか。妹さんは 学生ですか。
B: はい、大学で 経営を 勉強して います。
A: そうですか。

1 A : 선생님은 몇 인 가족입니까?
B : 아버지, 어머니, 저, 남동생 4인 가족입니다.
A : 한국에 살고 있습니까?
B : 아니요, 모두 일본에 살고 있습니다.

2 A : 아버지는 무엇을 하고 있습니까?
B : 아버지는 회사원입니다.
서울의 회사에서 일하고 있습니다.
A : 어머니도 일하고 있습니까?
B : 아니요, 어머니는 주부입니다.

3 A : 사토 씨는 몇 인 가족입니까?
B : 부모님과 여동생과 저 4인 가족입니다.
A : 그렇습니까? 여동생은 학생입니까?
B : 네, 대학교에서 경영을 공부하고 있습니다.
A : 그렇습니까?

unit 07 約束の 時間に 遅れても いいですか。 약속 시간에 늦어도 됩니까?

정답_본 책 102쪽

어휘 · 문법 **1** ② **2** ④ **3** ②

청취 **1** ① **2** ② **3** ①

청취 스크립트

1 先生、質問しても いいですか。
① はい、かまいません。
② いいえ、かまいません。
③ はい、だめです。

2 タバコを 吸っては いけませんか。
① はい、いいです。
② はい、だめです。
③ いいえ、いけません。

3 スーツを 着て みても いいですか。
① もちろん いいですよ。
② いいえ、いいです。
③ はい、いけません。

1 선생님, 질문해도 됩니까?
① 네, 상관없습니다.
② 아니요, 상관없습니다.
③ 네, 안 됩니다.

2 담배를 피워서는 안 됩니까?
① 네, 좋습니다.
② 네, 안 됩니다.
③ 아니요, 안 됩니다.

3 슈트를 입어봐도 됩니까?
① 물론 됩니다.
② 아니요, 좋습니다.
③ 네, 안 됩니다.

unit 08 中国に 行った ことが ありますか。 중국에 간 적이 있습니까?

정답_본 책 118쪽

어휘 · 문법 **1** ① **2** ① **3** ②

청취 **1** ② **2** ④ **3** ④

청취 스크립트

1 A: 竹下さんは ハワイに 行った ことが ありますか。

B: はい、3年前 行った ことが あります。

A: そうですか。ハワイは どうでしたか。

B: 海も きれいだったし、料理もおいしかったです。吉田さんは ハワイに 行った ことが ありませんか。

A: はい、まだ 行った ことが ありません。ぜひ 行って みたいです。

2 A: あの 店は どうでしたか。

B: 料理も おいしかったし、雰囲気も 良かったです。

A: そうですか。交通は どうですか。

B: あまり 便利では ありませんでした。

3 A: 鈴木さんは 暇な とき 何を しますか。家で 料理を したり 掃除を したり するんですか。

B: いいえ、普通 暇な ときは 図書館や カフェに 行きます。

A: 一人で カフェに?

B: はい。インターネットを したり、音楽を 聞いたり、コーヒーを 飲んだり。

A: そうですか。

1 A : 다케시타 씨는 하와이에 간 적이 있습니까?
B : 네, 3년 전에 간 적이 있습니다.
A : 그렇습니까? 하와이는 어땠습니까?
B : 바다도 깨끗했고, 요리도 맛있었습니다. 요시다 씨는 하와이에 간 적이 없습니까?
A : 네, 아직 간 적이 없습니다. 꼭 가보고 싶습니다.

2 A : 그 가게는 어땠습니까?
B : 요리도 맛있었고, 분위기도 좋았습니다.
A : 그렇습니까? 교통은 어떻습니까?
B : 그다지 편리하지 않았습니다.

3 A : 스즈키 씨는 한가할 때 무엇을 합니까? 집에서 요리를 하거나 청소를 하거나 합니까?
B : 아니요, 보통 한가할 때는 도서관이나 카페에 갑니다.
A : 혼자서 카페에?
B : 네. 인터넷을 하거나 음악을 듣거나 커피를 마시거나.
A : 그렇습니까?

unit 09 真面目に 仕事を したら どうですか。 성실하게 일하는 게 어떨까요?

정답_본책 130쪽

어휘 · 문법	1 ①	2 ②	3 ③
청취	1 ②	2 ②	3 ②

청취 스크립트

1 高橋さん、今 何を して いますか。

① ドラマを 見ながら インターネットを しました。

② ドラマを 見ながら インターネットを して います。

③ ドラマを 見ながら インターネットを します。

2 スタイルを 変えて みたいんですが、どうしたら いいですか。

① パーマを かけましょう。

② パーマを かけて みたら どうですか。

③ パーマを かけました。

3 日本の 会社に 就職したいんですが、どうしたら いいですか。

① 日本語で 話します。

② 日本語を 勉強したら どうですか。

③ いいですね。就職して ください。

1 다카하시 씨, 지금 무엇을 하고 있습니까?
① 드라마를 보면서 인터넷을 했습니다.
② 드라마를 보면서 인터넷을 하고 있습니다.
③ 드라마를 보면서 인터넷을 합니다.

2 스타일을 바꿔보고 싶은데, 어떻게 하면 좋을까요?
① 파마를 합시다.
② 파마를 해 보면 어떻습니까?
③ 파마를 했습니다.

3 일본의 회사에 취직하고 싶습니다만, 어떻게 하면 좋을까요?
① 일본어로 이야기합니다.
② 일본어 공부를 하면 어떻습니까?
③ 좋네요. 취직하세요.

unit 10 怒らないで ください。
화내지 말아 주세요.

정답_본 책 144쪽

어휘 · 문법	1 ②	2 ③	3 ①
청취	1 ③	2 ②	3 ②

청취 스크립트

1 A: ああ。
B: どうしたんですか。
A: 明日 重要な 試験が ありますが、全然 勉強しないで 寝ちゃいました。
B: でも まだ 時間が あります。心配しないで がんばって ください。
A: ありがとうございます。今日は 寝ないで 勉強します。

2 A: どうしたんですか。
B: 昨日 遅くまで お酒を 飲んで、頭が 痛いです。
A: 毎晩 お酒を 飲まない 方が いいですよ。
B: そうですね。今日は お酒を 飲まないで 早く 家に 帰ります。

3 A: ああ、大変、大変。
B: どうしたんですか。
A: 重要な 会議に 遅れて しまいました。
B: 会議は 何時から 何時までですか。
A: 9時から 11時までです。
B: 今 10時半ですから、会議に 入らない ほうが いいと 思いますよ。
A: そうですね。

1 A : 아아.
B : 무슨 일입니까?
A : 내일 중요한 시험이 있습니다만, 전혀 공부하지 않고 자버렸습니다.
B : 하지만 아직 시간이 있습니다. 걱정하지 말고 열심히 하세요.
A : 고맙습니다. 오늘은 안 자고 공부하겠습니다.

2 A : 무슨 일입니까?
B : 어제 늦게까지 술을 마셔서 머리가 아픕니다.
A : 매일 밤 술을 마시지 않는 것이 좋습니다.
B : 그렇네요. 오늘은 술을 마시지 않고 빨리 집에 가겠습니다.

3 A : 아아, 큰일이다, 큰일.
B : 무슨 일입니까?
A : 중요한 회의에 늦고 말았습니다.
B : 회의는 몇 시부터 몇 시까지입니까?
A : 9시부터 11시까지입니다.
B : 지금 10시 반이니까, 회의에 들어가지 않는 것이 좋을 거라고 생각합니다.
A : 그렇네요.

부록 톡톡 문법 색인(오십음도 순)

□ あります 있습니다(무생물, 식물) unit 01-01 · · · · · 14

□ ありません 없습니다(무생물, 식물) unit 01-01 · · · · · 14

□ います 있습니다(사람, 동물) unit 01-02 · · · · · 14

□ いません 없습니다(사람, 동물) unit 01-02 · · · · · 14

□ ～から ~때문에, ~이니까 unit 08-04 · · · · · 112

□ ～し～ ~고~ unit 08-05 · · · · · 113

□ た형 + ことが あります/ありません ~ㄴ 적이 있습니다/없습니다 unit 08-02 · · · · · 110

□ ～たり、～たり します ~거나, ~거나 합니다 unit 08-03 · · · · · 110-112

□ ～たい ~고 싶다 unit 04-01 · · · · · 54

□ ～たくない ~고 싶지 않다 unit 04-02 · · · · · 54

□ ～た 方(ほう)が いい(です) ~하는 편이 좋다(좋습니다) unit 09-03 · · · · · 125

□ ～たら いいですか ~하면 됩니까? unit 09-01 · · · · · 124

□ ～たら どうですか ~하는 게 어떨까요? unit 09-02 · · · · · 124

□ ～て ~고, ~서(동사 て형) unit 05-01 · · · · · 66

□ ～で ~에서(장소), ~으로(수단) unit 02-06③ · · · · · 31

□ ～て いる 명사 ~고 있는 ~ unit 06-02 · · · · · 81

□ ～て います ~고 있습니다(동작의 진행) unit 05-04 · · · · · 69

□ ～て います ~고 있습니다(상태) unit 06-01 · · · · · 80

□ ～てから ~고 나서 unit 05-02 · · · · · 68

□ ～て ください ~해 주세요 unit 05-03 · · · · · 68

□ ～て しまう(ちゃう) ~고 말다 unit 10-05 · · · · · 140

□ ～ては いけません ~해서는 안 됩니다 unit 07-02 · · · · · 96-97

□ ～ては だめです ~해서는 안 됩니다 unit 07-02 · · · · · 96-97

□ ～て みる 해보다 unit 07-03 · · · · · 98

□ ～ても いいです ~해도 좋습니다 unit 07-01 · · · · · 94-95

□ ～ても かまいません ~해도 상관없습니다, 개의치 않습니다 unit 07-01 · · · · · 94-95

□ ～と ~와, ~과 unit 02-06⑤ · · · · · 32

□ ～と 思(おも)います ~라고 생각합니다 unit 09-05 · · · · · 126

부록

톡톡 문법 색인(오십음도 순)

□ どこに ありますか 어디에 있습니까? unit 01-04 · · · 15

□ どこに いますか 어디에 있습니까? unit 01-04 · · · 15

□ ~ない 方(ほう)が いい ~지 않는 편이 좋다 unit 10-04 · · · 140

□ ~ないで ~지 않고, ~지 말고 unit 10-02 · · · 139

□ ~ないで ください ~지 말아 주세요 unit 10-03 · · · 139

□ ~ながら ~하면서(동시 동작) unit 09-04 · · · 125

□ なりたい 되고 싶다 unit 04-03 · · · 55-56

□ 何人家族(なんにんかぞく) 몇 인 가족 unit 06-04 · · · 84

□ ~に ~하러 unit 03-01 · · · 42

□ ~に ~으로, ~에(시간, 귀착점, 대상) unit 02-06② · · · 30

□ ~に あります ~에 있습니다 unit 01-03 · · · 15

□ ~に います ~에 있습니다 unit 01-03 · · · 15

□ ~に ~ましょうか ~러 ~ㄹ까요? unit 03-05 · · · 44

□ ~に ~ませんか ~하러 ~지 않겠습니까? unit 03-03 · · · 43

□ ~へ ~으로, ~에(방향) unit 02-06④ · · · 31

□ ほしい 갖고 싶다 unit 04-04 · · · 56

□ ~ました ~했습니다 unit 02-04 · · · 29

□ ~ましょう ~합시다 unit 03-04 · · · 44

□ ~ます ~입니다 unit 02-02 · · · 28

□ ~ません ~하지 않습니다 unit 02-03 · · · 28

□ ~ませんか ~지 않겠습니까? unit 03-02 · · · 43

□ ~ませんでした ~하지 않았습니다 unit 02-05 · · · 29

□ ~を ~을, ~를(목적의 대상) unit 02-06① · · · 30

□ 가족 소개 unit 06-03 · · · 82-83

□ 각 품사의 과거형(た형) unit 08-01 · · · 108-109

□ 각 품사의 부정형(ない형) unit 10-01 · · · 136-138

□ 동사의 ます활용 unit 02-01 · · · 26-27

□ 위치관련 어휘 unit 01-05 · · · 16

동양북스 추천 교재

일본어 교재의 최강자, 동양북스 추천 교재

회화 코스북

일본어뱅크 다이스키
STEP 1·2·3·4·5·6·7·8

일본어뱅크
좋아요 일본어 1·2·3·4·5·6

일본어뱅크 도모다찌
STEP 1·2·3

분야서

일본어뱅크
좋아요 일본어 독해 STEP 1·2

일본어뱅크
일본어 작문 초급

일본어뱅크
사진과 함께하는
일본 문화

일본어뱅크
항공 서비스 일본어

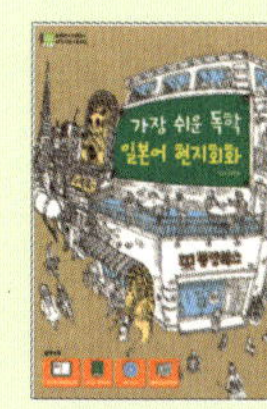

가장 쉬운 독학
일본어 현지회화

수험서

일취월장 JPT
독해·청해

일취월장 JPT
실전 모의고사 500·700

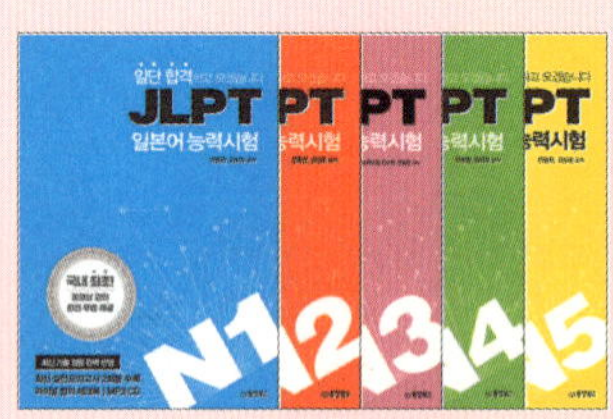

일단 합격하고 오겠습니다
JLPT 일본어능력시험
N1·N2·N3·N4·N5

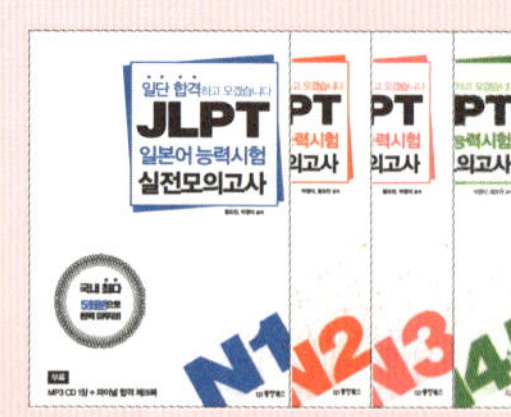

일단 합격하고 오겠습니다
JLPT 일본어능력시험
실전모의고사 N1·N2·N3·N4/5

단어·한자

특허받은
일본어 한자 암기박사

일본어 상용한자 2136
이거 하나면 끝!

일본어뱅크
좋아요 일본어 한자

가장 쉬운 독학
일본어 단어장

일단 합격하고 오겠습니다
JLPT 일본어능력시험
단어장 N1·N2·N3

중국어 교재의 최강자, 동양북스 추천 교재

중국어뱅크 북경대학 신한어구어
1·2·3·4·5·6

중국어뱅크 스마트중국어
STEP 1·2·3·4

중국어뱅크 집중중국어
STEP 1·2·3·4

중국어뱅크
뉴! 버전업 사진으로
보고 배우는 중국문화

중국어뱅크
문화중국어 1·2

중국어뱅크
관광 중국어 1·2

중국어뱅크
여행실무 중국어

중국어뱅크
호텔 중국어

중국어뱅크
판매 중국어

중국어뱅크
항공 실무 중국어

정반합 新HSK
1급·2급·3급·4급·5급·6급

일단 합격 新HSK 한 권이면 끝
3급·4급·5급·6급

버전업! 新HSK
VOCA 5급·6급

가장 쉬운 독학
중국어 단어장

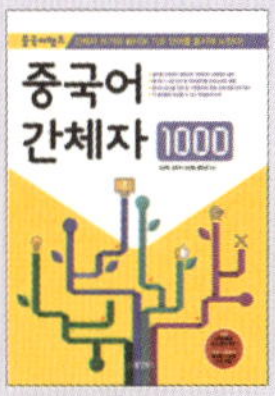

중국어뱅크
중국어 간체자 1000

특허받은
중국어 한자 암기박사

동양북스 추천 교재

기타외국어 교재의 최강자, 동양북스 추천 교재

중고급 학습

첫걸음 끝내고 보는
프랑스어
중고급의 모든 것

첫걸음 끝내고 보는
스페인어
중고급의 모든 것

첫걸음 끝내고 보는
독일어
중고급의 모든 것

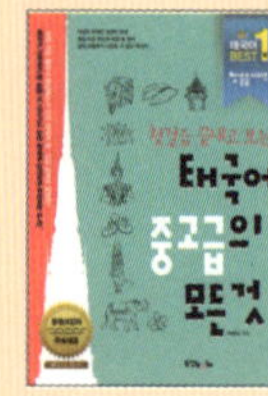

첫걸음 끝내고 보는
태국어
중고급의 모든 것

첫걸음 끝내고 보는
베트남어
중고급의 모든 것

단어장

버전업! 가장 쉬운
프랑스어 단어장

버전업! 가장 쉬운
스페인어 단어장

버전업! 가장 쉬운
독일어 단어장

가장 쉬운 독학
베트남어 단어장

여행회화

NEW 후다닥
여행 중국어

NEW 후다닥
여행 일본어

NEW 후다닥
여행 영어

NEW 후다닥
여행 독일어

NEW 후다닥
여행 프랑스어

NEW 후다닥
여행 스페인어

NEW 후다닥
여행 베트남어

NEW 후다닥
여행 태국어

수험서·교재

한 권으로 끝내는 DELE
어휘·쓰기·관용구편 (B2~C1)

수능 기초 베트남어
한 권이면 끝!

버전업!
스마트 프랑스어

일단 합격하고 오겠습니다
독일어능력시험
A1 · A2 · B1 · B2

두근두근 스토리가 있는

일본어뱅크 톡톡 トクトク 도모다찌 1

워크북

STEP 2

동양북스

unit 01 親しい 友だちが いますか。

친한 친구가 있습니까?

unit 01 톡톡 패턴 본책 17-19쪽

DATE : . .

A

A : パソコンは どこに ありますか。(机の 上)

B : パソコンは 机の 上に あります。

1 いすは どこに ありますか。（机の 前）

→ B : ______

2 ファックスは どこに ありますか。（机の 横）

→ B : ______

3 コピー機は どこに ありますか。（ファックスの 後ろ）

→ B : ______

4 プリンターは どこに ありますか。（パソコンの 右）

→ B : ______

낱말과 표현

パソコン 컴퓨터	いす 의자	コピー機 복사기
机 책상	ファックス 팩스	プリンター 프린터

DATE : . .

B

A：郵便局(ゆうびんきょく)は どこに ありますか。(コンビニの 前(まえ))

B：郵便局(ゆうびんきょく)は コンビニの 前(まえ)に あります。

1 銀行(ぎんこう)は どこに ありますか。 (郵便局(ゆうびんきょく)の 隣(となり))

→ B：

2 薬局(やっきょく)は どこに ありますか。 (病院(びょういん)の 後(うし)ろ)

→ B：

3 デパートは どこに ありますか。 (病院(びょういん)の 向(む)かい)

→ B：

4 コンビニは どこに ありますか。 (銀行(ぎんこう)の 近(ちか)く)

→ B：

낱말과 표현

郵便局(ゆうびんきょく) 우체국	隣(となり) 옆, 이웃	デパート 백화점
コンビニ 편의점	薬局(やっきょく) 약국	向(む)かい 맞은편
前(まえ) 앞	病院(びょういん) 병원	
銀行(ぎんこう) 은행	後(うし)ろ 뒤	

DATE : . .

C

A : 店員(てんいん)は どこに いますか。 (店員(てんいん)・ドアの 前(まえ))

B : 店員(てんいん)は ドアの 前(まえ)に います。

1 中村(なかむら)さんは どこに いますか。 (イさんの そば)

→ B : ______________________________

2 アリョさんは どこに いますか。 (中村(なかむら)さんの 前(まえ))

→ B : ______________________________

3 犬(いぬ)は どこに いますか。 (アリョさんの 横(よこ))

→ B : ______________________________

4 猫(ねこ)は どこに いますか。 (ソファーの 上(うえ))

→ B : ______________________________

낱말과 표현

店員(てんいん) 점원	犬(いぬ) 개	ソファー 소파
ドア 문	横(よこ) 옆	上(うえ) 위
そば 곁, 옆	猫(ねこ) 고양이	

unit 01 톡톡 펜맨십 본 책 21쪽

DATE :   .   .

한자

びょういん	びょういん	びょういん		
病院 병원	病院	病院		
ゆうびんきょく	ゆうびんきょく	ゆうびんきょく		
郵便局 우체국	郵便局	郵便局		
やっきょく	やっきょく	やっきょく		
薬局 약국	薬局	薬局		
ぎんこう	ぎんこう	ぎんこう		
銀行 은행	銀行	銀行		
えいがかん	えいがかん	えいがかん		
映画館 영화관	映画館	映画館		

가타카나

ファックス 팩스	ファックス	
コピー 복사	コピー	
プリンター 프린터	プリンター	

unit 02 毎日(まいにち) 図書館(としょかん)で 勉強(べんきょう)を しますか。

매일 도서관에서 공부를 합니까?

unit 02 톡톡 패턴 본책 33-35쪽

DATE : . .

A

A : 明日(あした) 学校(がっこう)に 行(い)きますか。(学校(がっこう)に 行(い)く)

B : はい、行(い)きます。 / いいえ、行(い)きません。

1. タバコを 吸(す)う
   → A : ____________
   B : ____________

2. 手紙(てがみ)を 書(か)く
   → A : ____________
   B : ____________

3. 海(うみ)で 泳(およ)ぐ
   → A : ____________
   B : ____________

4. 薬(くすり)を 飲(の)む
   → A : ____________
   B : ____________

5. ニュースを 見(み)る
   → A : ____________
   B : ____________

6. 毎日(まいにち) 散歩(さんぽ)する
   → A : ____________
   B : ____________

낱말과 표현

明日(あした) 내일
学校(がっこう)に 行(い)く 학교에 가다
タバコを 吸(す)う 담배를 피우다
手紙(てがみ)を 書(か)く 편지를 쓰다
海(うみ)で 泳(およ)ぐ 바다에서 헤엄치다
薬(くすり)を 飲(の)む 약을 먹다
ニュースを 見(み)る 뉴스를 보다
毎日(まいにち) 매일
散歩(さんぽ)する 산책하다

DATE :　　.　　.

B

A：昨日 映画を 見ましたか。(映画を 見る)

B：はい、見ました。 / いいえ、見ませんでした。

1 友だちに 会う

→ A：

B：

2 料理を 作る

→ A：

B：

3 お風呂に 入る

→ A：

B：

4 試験を 受ける

→ A：

B：

5 アルバイトを する

→ A：

B：

6 日本語の 勉強を する

→ A：

B：

낱말과 표현

昨日 어제
映画を 見る 영화를 보다
友だちに 会う 친구를 만나다
料理を 作る 요리를 만들다
お風呂に 入る 목욕하다
試験を 受ける 시험을 치르다
アルバイト 아르바이트
勉強 공부

DATE : . .

C

A：何(なに)を 食(た)べましたか。 (何(なに)を 食(た)べる・ピザ)

B：ピザを 食(た)べました。

1 何(なに)を 買(か)う・本(ほん) → A：

B：

2 どこに 行(い)く・トイレ → A：

B：

3 何時(なんじ)に 帰(かえ)る・9時(じ) → A：

B：

4 何(なに)を 見(み)る・映画(えいが) → A：

B：

5 だれに 会(あ)う・恋人(こいびと) → A：

B：

6 どこで 会(あ)う・会社(かいしゃ)の 前(まえ) → A：

B：

낱말과 표현

何(なに) 무엇	行(い)く 가다	だれ 누구
買(か)う 사다	トイレ 화장실	前(まえ) 앞
どこ 어디	帰(かえ)る 돌아가다	

unit 02 톡톡 펜맨십 본 책 37쪽

DATE : . .

한자

あう	あう	あう		
会う 만나다	会う	会う		
いく	いく	いく		
行く 가다	行く	行く		
かく	かく	かく		
書く 쓰다	書く	書く		
はなす	はなす	はなす		
話す 이야기하다	話す	話す		
まつ	まつ	まつ		
待つ 기다리다	待つ	待つ		
あそぶ	あそぶ	あそぶ		
遊ぶ 놀다	遊ぶ	遊ぶ		

가타카나

ホームページ 홈페이지	ホームページ	
ログイン 로그인	ログイン	
アルバイト 아르바이트	アルバイト	

unit 03

コンサートに 行きませんか。

콘서트에 가지 않겠습니까?

unit 03 톡톡 패턴 본책 45-47쪽

DATE : . .

A

A：どこに 行くんですか。（学校・友だちに 会う）

B：学校に 友だちに 会いに 行きます。

1 花屋・花を 買う

→ B：＿＿＿＿＿＿＿＿＿＿＿＿＿＿＿＿

2 学校・講義を 聞く

→ B：＿＿＿＿＿＿＿＿＿＿＿＿＿＿＿＿

3 居酒屋・お酒を 飲む

→ B：＿＿＿＿＿＿＿＿＿＿＿＿＿＿＿＿

4 野球場・野球を 見る

→ B：＿＿＿＿＿＿＿＿＿＿＿＿＿＿＿＿

5 カフェ・コーヒーを 飲む

→ B：＿＿＿＿＿＿＿＿＿＿＿＿＿＿＿＿

6 公園・散歩する

→ B：＿＿＿＿＿＿＿＿＿＿＿＿＿＿＿＿

낱말과 표현

花屋 꽃집	居酒屋 선술집	カフェ 카페
買う 사다	お酒 술	コーヒー 커피
講義 강의	飲む 마시다	公園 공원
聞く 듣다	野球場 야구장	散歩する 산책하다

DATE :   .   .

B

A：今週(こんしゅう)の 土曜日(どようび) ショッピングに 行(い)きませんか。（ショッピング）

B：いいですね。そうしましょう。

　あの、それは ちょっと。

1 旅行(りょこう)

→ A：

2 ゴルフ

→ A：

3 山登(やまのぼ)り

→ A：

4 ハイキング

→ A：

5 スキー

→ A：

6 ドライブ

→ A：

낱말과 표현

今週(こんしゅう) 이번 주	ゴルフ 골프	スキー 스키
ショッピング 쇼핑	山登(やまのぼ)り 등산	ドライブ 드라이브
旅行(りょこう) 여행	ハイキング 하이킹	

DATE : . .

C

A : 明日(あした) いっしょに プールに 泳(およ)ぎに 行(い)きましょうか。

(プール · 泳(およ)ぐ)

B : いいですね。そうしましょう。

あの、それは ちょっと。

1 映画館(えいがかん) · 映画(えいが)を 見(み)る

→ A : ______________________________

2 レストラン · 食事(しょくじ)を する

→ A : ______________________________

3 美術館(びじゅつかん) · 展覧会(てんらんかい)を 見(み)る

→ A : ______________________________

4 デパート · ショッピングを する

→ A : ______________________________

5 遊園地(ゆうえんち) · 遊(あそ)ぶ

→ A : ______________________________

6 ホンデの クラブ · 踊(おど)る

→ A : ______________________________

낱말과 표현

プール 수영장	食事(しょくじ)を する 식사를 하다	遊園地(ゆうえんち) 유원지
泳(およ)ぐ 수영하다, 헤엄치다	美術館(びじゅつかん) 미술관	遊(あそ)ぶ 놀다
映画館(えいがかん) 영화관	展覧会(てんらんかい) 전람회	クラブ 클럽
レストラン 레스토랑	デパート 백화점	踊(おど)る 춤추다

unit 03 톡톡 펜맨십 본 책 49쪽

DATE : . .

한자

しょうたい	しょうたい	しょうたい		
招待 초대	招待	招待		
おう ぼ	おう ぼ	おう ぼ		
応募 응모	応募	応募		
しょく じ	しょく じ	しょく じ		
食事 식사	食事	食事		
ゆうしょく	ゆうしょく	ゆうしょく		
夕食 저녁식사	夕食	夕食		
や きゅう	や きゅう	や きゅう		
野球 야구	野球	野球		
さん ぽ	さん ぽ	さん ぽ		
散歩 산책	散歩	散歩		

가타카나

イベント 이벤트	イベント	
チケット 티켓	チケット	
カフェ 카페	カフェ	

unit 04 どんな 人(ひと)に なりたいですか。

어떤 사람이 되고 싶습니까?

unit 04 톡톡 패턴 본 책 57-59쪽

DATE :　　　.　　.

A

A : すしが 食(た)べたいですか。 (すしを 食(た)べる)

B : はい、食(た)べたいです。

いいえ、食(た)べたくないです。

1 車(くるま)を 買(か)う → A : ______________________
B : ______________________

2 日本語(にほんご)で 話(はな)す → A : ______________________
B : ______________________

3 友(とも)だちと 遊(あそ)ぶ → A : ______________________
B : ______________________

4 お酒(さけ)を 飲(の)む → A : ______________________
B : ______________________

5 朝早(あさはや)く 起(お)きる → A : ______________________
B : ______________________

6 図書館(としょかん)で 勉強(べんきょう)する → A : ______________________
B : ______________________

낱말과 표현

すし 초밥	～と ~와/~과	朝早(あさはや)く 아침 일찍
食(た)べる 먹다	遊(あそ)ぶ 놀다	起(お)きる 일어나다
買(か)う 사다	お酒(さけ) 술	図書館(としょかん) 도서관
話(はな)す 이야기하다	飲(の)む 마시다	勉強(べんきょう) 공부

DATE : . .

B

A : 将来(しょうらい) 何(なに)に なりたいですか。(アナウンサー)

B : アナウンサーに なりたいです。

1 歌手(かしゅ)

→ B : ______

2 作家(さっか)

→ B : ______

3 記者(きしゃ)

→ B : ______

4 銀行員(ぎんこういん)

→ B : ______

5 プログラマー

→ B : ______

6 デザイナー

→ B : ______

낱말과 표현

アナウンサー 아나운서	作家(さっか) 작가	プログラマー 프로그래머
将来(しょうらい) 장래	記者(きしゃ) 기자	デザイナー 디자이너
歌手(かしゅ) 가수	銀行員(ぎんこういん) 은행원	

DATE : . .

C

A：今(いま) 何(なに)が 一番(いちばん) ほしいですか。(お金(かね))

B：お金(かね)が 一番(いちばん) ほしいです。

1 靴(くつ)

→ B：________________

2 スーツ

→ B：________________

3 電子辞書(でんしじしょ)

→ B：________________

4 自転車(じてんしゃ)

→ B：________________

5 車(くるま)

→ B：________________

6 かばん

→ B：________________

낱말과 표현

お金(かね) 돈	靴(くつ) 구두	自転車(じてんしゃ) 자전거
一番(いちばん) 가장, 제일	スーツ 정장, 슈트	車(くるま) 차
ほしい 갖고 싶다	電子辞書(でんしじしょ) 전자사전	かばん 가방

unit 04 톡톡 펜맨십 본 책 61쪽

DATE :   .   .

한자

しょうらい 将来 장래	しょうらい 将来	しょうらい 将来		
じゅうよう 重要 중요	じゅうよう 重要	じゅうよう 重要		
しゅうしょく 就職 취직	しゅうしょく 就職	しゅうしょく 就職		
し けん 試験 시험	し けん 試験	し けん 試験		
きょう し 教師 교사	きょう し 教師	きょう し 教師		
こう む いん 公務員 공무원	こう む いん 公務員	こう む いん 公務員		

가타카나

プログラマー 프로그래머	プログラマー	
デザイナー 디자이너	デザイナー	
アナウンサー 아나운서	アナウンサー	

unit 05 ちょっと 助(たす)けて ください。
좀 도와주세요.

unit 04 톡톡 패턴 본 책 70−73쪽

DATE : . .

A バスに 乗(の)って 学校(がっこう)に 行(い)きます。(バスに 乗(の)る・学校(がっこう)に 行(い)く)

1. 友(とも)だちに 会(あ)う・話(はなし)を する

→ ____________________

2. 話(はなし)を よく 聞(き)く・答(こた)える

→ ____________________

3. 朝早(あさはや)く 起(お)きる・ジョギングを する

→ ____________________

4. クリックする・ファイルを 開(あ)ける

→ ____________________

낱말과 표현

バスに 乗(の)る 버스를 타다	答(こた)える 대답하다	クリックする 클릭하다
会(あ)う 만나다	朝早(あさはや)く 아침 일찍	ファイル 파일
話(はなし)を する 이야기를 하다	起(お)きる 일어나다	開(あ)ける 열다
よく 聞(き)く 잘 듣다	ジョギングを する 조깅을 하다	

DATE :   .   .

B 私は 顔を 洗ってから 歯を 磨きます。(顔を 洗う・歯を 磨く)

1 シャワーを 浴びる・髪を 洗う

→ ______________________________

2 ご飯を 食べる・お水を 飲む

→ ______________________________

3 宿題を する・少し 休む

→ ______________________________

4 ラーメンの スープを 入れる・めんを 入れる

→ ______________________________

낱말과 표현

顔を 洗う 얼굴을 씻다	ご飯を 食べる 밥을 먹다	ラーメン 라면
歯を 磨く 이를 닦다	水を 飲む 물을 마시다	スープ 스프
シャワーを 浴びる 샤워하다	宿題 숙제	入れる 넣다
髪 머리	休む 쉬다	めん 면

DATE :　　.　　.

C

日本語(にほんご)で 話(はな)して ください。(日本語(にほんご)で 話(はな)す)

1 少(すこ)し 待(ま)つ

→ ________________

2 メールを 送(おく)る

→ ________________

3 こちらを 見(み)る

→ ________________

4 アプリを ダウンロードする

→ ________________

5 資料(しりょう)を コピーする

→ ________________

6 早(はや)く 来(く)る

→ ________________

낱말과 표현

話(はな)す 이야기하다	こちら 이쪽	資料(しりょう) 자료
少(すこ)し 조금	アプリ 앱	コピーする 복사하다
待(ま)つ 기다리다	ダウンロードする 다운로드 하다	早(はや)く 빨리
送(おく)る 보내다		来(く)る 오다

DATE : . .

D

A : 今(いま) 何(なに)を して いますか。(日本語(にほんご)の 勉強(べんきょう)を する)

B : 日本語(にほんご)の 勉強(べんきょう)を して います。

1 メールを 書(か)く

→ B : ______________________

2 料理(りょうり)を 作(つく)る

→ B : ______________________

3 新聞(しんぶん)を 読(よ)む

→ B : ______________________

4 日本(にほん)の ドラマを 見(み)る

→ B : ______________________

5 宿題(しゅくだい)を する

→ B : ______________________

6 部屋(へや)の 掃除(そうじ)を する

→ B : ______________________

낱말과 표현

勉強(べんきょう) 공부	作(つく)る 만들다	見(み)る 보다
メール 메일	新聞(しんぶん) 신문	宿題(しゅくだい) 숙제
書(か)く 쓰다	読(よ)む 읽다	部屋(へや) 방
料理(りょうり) 요리	ドラマ 드라마	掃除(そうじ) 청소

unit 05 톡톡 펜맨십 본 책 75쪽

DATE : . .

한자

かんたん 簡単 간단	かんたん 簡単	かんたん 簡単		
にゅうかい 入会 입회, 가입	にゅうかい 入会	にゅうかい 入会		
じゅうしょ 住所 주소	じゅうしょ 住所	じゅうしょ 住所		
りょうり 料理 요리	りょうり 料理	りょうり 料理		
せつめい 説明 설명	せつめい 説明	せつめい 説明		
しつもん 質問 질문	しつもん 質問	しつもん 質問		

가타카나

サイト 사이트	サイト	
アプリ 앱	アプリ	
ダウンロード 다운로드	ダウンロード	

unit 06

着物(きもの)を 着(き)て いる 方(かた)は お母(かあ)さんですか。
기모노를 입고 있는 분은 어머님이십니까?

unit 06 톡톡 패턴 본 책 85-87쪽

DATE :   .   .

A

A：キムさんの お父(とう)さんですか。(お父(とう)さん・父(ちち))

B：はい、私(わたし)の 父(ちち)です。

1 お祖父様(じいさま)・祖父(そふ) → A：＿＿＿＿＿＿＿＿

B：＿＿＿＿＿＿＿＿

2 お祖母(ばあ)さま・祖母(そぼ) → A：＿＿＿＿＿＿＿＿

B：＿＿＿＿＿＿＿＿

3 お母(かあ)さん・母(はは) → A：＿＿＿＿＿＿＿＿

B：＿＿＿＿＿＿＿＿

4 お兄(にい)さん・兄(あに) → A：＿＿＿＿＿＿＿＿

B：＿＿＿＿＿＿＿＿

5 お姉(ねえ)さん・姉(あね) → A：＿＿＿＿＿＿＿＿

B：＿＿＿＿＿＿＿＿

6 奥(おく)さん・妻(つま) → A：＿＿＿＿＿＿＿＿

B：＿＿＿＿＿＿＿＿

낱말과 표현

お父(とう)さん 아버님
父(ちち) 아버지
お祖父様(じいさま) 할아버님
祖父(そふ) 조부
お祖母(ばあ)さま 할머님
祖母(そぼ) 조모
お母(かあ)さん 어머님
母(はは) 어머니
お兄(にい)さん 형님, 오빠
兄(あに) 형, 오빠
お姉(ねえ)さん 누님, 언니
姉(あね) 언니, 누나
奥(おく)さん 부인
妻(つま) 아내, 처

DATE :　　.　　.

B

A：中村(なかむら)さんは どの 人(ひと)ですか。(中村(なかむら)さん・スカーフを する)

B：スカーフを して いる 人(ひと)です。

1 イさん・帽子(ぼうし)を かぶる

→ A：

B：

2 キムさん・コートを 着(き)る

→ A：

B：

3 鈴木(すずき)さん・サングラスを かける

→ A：

B：

4 ワンさん・ヘアーバンドを する

→ A：

B：

낱말과 표현

スカーフ 스카프	コート 코트	かける 끼다, 쓰다
帽子(ぼうし) 모자	着(き)る 입다	ヘアーバンド 헤어밴드
かぶる 쓰다	サングラス 선글라스	

DATE : . .

C

A : 何人家族ですか。(父, 母, 私, 3人家族)

B : 父と 母と 私、3人家族です。

1 父, 母, 兄, 私, 4人家族

→ B : ______________________

2 祖母, 両親, 妹, 私, 5人家族

→ B : ______________________

3 父, 母, 姉, 私, 4人家族

→ B : ______________________

4 妻, 息子, 娘, 私, 4人家族

→ B : ______________________

낱말과 표현

両親(りょうしん) 부모님　　息子(むすこ) 아들　　娘(むすめ) 딸

unit 06 톡톡 펜맨십 본 책 89쪽

DATE : . .

한자

そ ふ 祖父 조부	そ ふ 祖父	そ ふ 祖父		
そ ぼ 祖母 조모	そ ぼ 祖母	そ ぼ 祖母		
ちち 父 아버지	ちち 父	ちち 父		
はは 母 어머니	はは 母	はは 母		
あに 兄 형, 오빠	あに 兄	あに 兄		
あね 姉 누나, 언니	あね 姉	あね 姉		
おとうと 弟 남동생	おとうと 弟	おとうと 弟		

가타카나

サングラス 선글라스	サングラス	
ヘアーバンド 헤어밴드	ヘアーバンド	

unit 07 約束の 時間に 遅れても いいですか。

약속시간에 늦어도 됩니까?

unit 07 톡톡 패턴 본 책 99-101쪽

DATE : . .

A

A : ひらがなで 書いても いいですか。(ひらがなで 書く・漢字で 書く)

B : いいえ、漢字で 書いて ください。

1 韓国語で 話す・日本語で 話す

→ A : ______

B : ______

2 私服を 着る・ユニホームを 着る

→ A : ______

B : ______

3 友だちと 行く・一人で 来る

→ A : ______

B : ______

4 ファックスで 送る・郵便で 送る

→ A : ______

B : ______

낱말과 표현

書く 쓰다	着る 입다	来る 오다
漢字 한자	ユニホーム 유니폼	ファックス 팩스
韓国語 한국어	友だち 친구	送る 보내다
私服 사복	一人で 혼자서	郵便 우편

DATE :　　.　　.

B

A：ここで タバコを 吸っても いいですか。(ここで タバコを 吸う・ここは 禁煙エリア)

B：いいえ、吸っては いけません。 ここは 禁煙エリアです。

1 友だちに 話す・これは 秘密

→ A：

B：

2 ちょっと 入る・今は 会議中

→ A：

B：

3 窓を 開ける・冷房中

→ A：

B：

4 ここに 車を 止める・駐車禁止区域

→ A：

B：

낱말과 표현

吸う (담배를) 피우다
禁煙エリア 금연구역
秘密 비밀
ちょっと 잠깐, 조금
入る 들어가다
会議中 회의 중
窓 창문
開ける 열다
冷房中 냉방 중
止める 세우다
駐車禁止区域 주차금지 구역

DATE : . .

C

A：行(い)って みますか。(行(い)く)

B：はい、一度(いちど) 行(い)って みたいです。

1 乗(の)る → A：

B：

2 作(つく)る → A：

B：

3 着(き)る → A：

B：

4 食(た)べる → A：

B：

5 やる → A：

B：

6 履(は)く → A：

B：

낱말과 표현

行(い)く 가다	作(つく)る 만들다	やる 하다
一度(いちど) 한 번	着(き)る 입다	履(は)く 신다
乗(の)る 타다	食(た)べる 먹다	

unit 07 톡톡 펜맨십 본책 103쪽

DATE : . .

한자

しんり 心理 심리	しんり 心理	しんり 心理		
ないよう 内容 내용	ないよう 内容	ないよう 内容		
れんあい 恋愛 연애	れんあい 恋愛	れんあい 恋愛		
ひみつ 秘密 비밀	ひみつ 秘密	ひみつ 秘密		
やくそく 約束 약속	やくそく 約束	やくそく 約束		
ぜんぜん 全然 전혀	ぜんぜん 全然	ぜんぜん 全然		

가타카나

エリア 구역	エリア	
パソコン 컴퓨터	パソコン	
ユニホーム 유니폼	ユニホーム	

unit 08 中国に 行った ことが ありますか。

중국에 간 적이 있습니까?

unit 08 톡톡 패턴 본책 114–117쪽

DATE : . .

A

A：暇な とき 何を しますか。(ゲームを する·インターネットを する)

B：ゲームを したり、インターネットを したり します。

1 映画を 見る·友だちに 会う

→ B：

2 コンサートに 行く·ドライブに 行く

→ B：

3 音楽を 聞く·本を 読む

→ B：

4 掃除を する·洗濯を する

→ B：

낱말과 표현

暇だ 한가하다	見る 보다	聞く 듣다
とき 때	会う 만나다	本 책
ゲーム 게임	コンサート 콘서트	読む 읽다
インターネット 인터넷	ドライブ 드라이브	掃除 청소
映画 영화	音楽 음악	洗濯 세탁

DATE : . .

B

A：ショッピングセンターでは 何(なに)を しますか。(ショッピングセンター / ショッピングを する・食事(しょくじ)を する)

B：ショッピングを したり、食事(しょくじ)を したり します。

1 遊園地(ゆうえんち) / 乗(の)り物(もの)に 乗(の)る・デートを する

→ A：

B：

2 図書館(としょかん) / 本(ほん)を 借(か)りる・勉強(べんきょう)する

→ A：

B：

3 野球場(やきゅうじょう) / 野球(やきゅう)を 見(み)る・チアガールと 応援(おうえん)する

→ A：

B：

4 カフェ / コーヒーを 飲(の)む・友(とも)だちと 話(はな)す

→ A：

B：

낱말과 표현

ショッピングセンター 쇼핑센터	乗(の)り物(もの)に 乗(の)る 놀이기구를 타다	野球場(やきゅうじょう) 야구장
食事(しょくじ) 식사	デート 데이트	チアガール 치어걸
遊園地(ゆうえんち) 유원지	図書館(としょかん) 도서관	応援(おうえん)する 응원하다
	借(か)りる 빌리다	カフェ 카페

DATE : . .

C

A : 日本(にほん)に 行(い)った ことが ありますか。(日本(にほん)に 行(い)く)

B : はい、行(い)った ことが あります。

いいえ、行(い)った ことが ありません。

1 日本語(にほんご)で 手紙(てがみ)を 書(か)く

→ A : ____________________

B : ____________________

2 日本(にほん)の 料理(りょうり)を 作(つく)る

→ A : ____________________

B : ____________________

3 ご両親(りょうしん)に うそを つく

→ A : ____________________

B : ____________________

4 コンビニで アルバイトを する

→ A : ____________________

B : ____________________

낱말과 표현

手紙(てがみ) 편지	作(つく)る 만들다	コンビニ 편의점
書(か)く 쓰다	両親(りょうしん) 양친, 부모님	アルバイト 아르바이트
料理(りょうり) 요리	うそを つく 거짓말을 하다	

DATE : . .

D

A：旅行は どうでしたか。(旅行 / 天気も いい・料理も おいしい)

B：天気も よかったし、料理も おいしかったです。

1 あの レストラン / 雰囲気も いい・店員も 親切だ

→ A：

B：

2 映画 / 俳優の 演技も いい・ストーリーも おもしろい

→ A：

B：

3 デパート / 建物も 新しい・品物も 多い

→ A：

B：

4 面接 / 質問も 難しい・体の 調子も 悪い

→ A：

B：

낱말과 표현

どうでしたか 어땠습니까?	演技 연기	品物 물건
雰囲気 분위기	ストーリー 스토리, 이야기	面接 면접
親切だ 친절하다	新しい 새롭다	質問 질문
俳優 배우	建物 건물	体の調子 몸 상태

unit 08 톡톡 펜맨십 본책 119쪽

DATE : . .

한자

りょこう	りょこう	りょこう		
旅行 여행	旅行	旅行		
さいこう	さいこう	さいこう		
最高 최고	最高	最高		
き かい	き かい	き かい		
機会 기회	機会	機会		
あんない	あんない	あんない		
案内 안내	案内	案内		
めんせつ	めんせつ	めんせつ		
面接 면접	面接	面接		
こうつう	こうつう	こうつう		
交通 교통	交通	交通		

가타카나

ホテル 호텔	ホテル	
センター 센터	センター	
ドラマ 드라마	ドラマ	

unit 09 真面目に 仕事を したら どうですか。

성실하게 일하는 게 어떨까요?

unit 09 톡톡 패턴 본 책 127-129쪽

DATE : . .

A

A : 友だちと けんかしました。
どうしたら いいですか。(友だちと けんかした・早く 仲直りする)

B : 早く 仲直りしたら どうですか。

1 パソコンが 故障した・アフターサービスを 受ける

→ A : ______

B : ______

2 スタイルを 変えたい・髪を 短く 切る

→ A : ______

B : ______

3 好きな 人が いる・率直に 告白する

→ A : ______

B : ______

4 頭が 痛い・薬を 飲む

→ A : ______

B : ______

낱말과 표현

けんかする 싸우다	受ける 받다	切る 자르다
仲直りする 화해하다	スタイル 스타일	率直に 솔직하게
パソコン 컴퓨터	変える 바꾸다	告白する 고백하다
故障する 고장나다	髪 머리카락	痛い 아프다
アフターサービス 애프터 서비스	短く 짧게	薬を 飲む 약을 먹다

DATE : . .

B

A：どうしたんですか。(ちょっと 頭(あたま)が 痛(いた)い・薬(くすり)を 飲(の)む)

B：ちょっと 頭(あたま)が 痛(いた)いんです。

A：じゃ、薬(くすり)を 飲(の)んだ 方(ほう)が いいですよ。

1 お腹(なか)が 痛(いた)い・早(はや)く 病院(びょういん)に 行(い)く

→ B：______________________________

A：______________________________

2 風邪気味(かぜぎみ)だ・家(いえ)に 帰(かえ)って 休(やす)む

→ B：______________________________

A：______________________________

3 明日(あした)が 試験(しけん)だ・図書館(としょかん)で 勉強(べんきょう)する

→ B：______________________________

A：______________________________

4 カードを なくした・クレジットカード会社(がいしゃ)に 連絡(れんらく)する

→ B：______________________________

A：______________________________

낱말과 표현

どうしたんですか 왜 그러세요?
お腹(なか) 배
病院(びょういん) 병원
風邪気味(かぜぎみ)だ 감기 기운이 있다
帰(かえ)る 돌아가다
休(やす)む 쉬다
試験(しけん) 시험
カード 카드
なくす 잃어버리다
クレジットカード 신용카드
連絡(れんらく)する 연락하다

DATE :   .   .

C

A：インターネットを しながら テレビを 見ます。

(インターネットを する・テレビを 見る)

1 鏡を 見る・歯を 磨く

→ ______________________

2 音楽を 聞く・コーヒーを 飲む

→ ______________________

3 動画を 見る・講義を 聞く

→ ______________________

4 レシピを 見る・料理を 作る

→ ______________________

낱말과 표현

鏡 거울
歯を 磨く 이를 닦다
動画 동영상
講義 강의
レシピ 조리법, 요리법
料理 요리
作る 만들다

unit 09 톡톡 펜맨십 본 책 131쪽

DATE : . .

한자

だれ 誰 누구	だれ 誰	だれ 誰		
しごと 仕事 일	しごと 仕事	しごと 仕事		
ざっし 雑誌 잡지	ざっし 雑誌	ざっし 雑誌		
さいしん 最新 최신	さいしん 最新	さいしん 最新		
こごと 小言 잔소리	こごと 小言	こごと 小言		
あかじ 赤字 적자	あかじ 赤字	あかじ 赤字		

가타카나

ファッション 패션	ファッション	
マガジン 매거진	マガジン	
リーダー 리더	リーダー	

unit 10 怒(おこ)らないで ください。

화내지 말아 주세요.

unit 10 톡톡 패턴 141−143쪽

DATE :　　.　　.

A

A：あの、すみません。

タバコを 吸(す)わないで ください。(タバコを 吸(す)う)

1. ガムを かむ

→ A：

2. 大(おお)きい 声(こえ)で 話(はな)す

→ A：

3. お酒(さけ)を 飲(の)む

→ A：

4. いたずらを する

→ A：

5. 写真(しゃしん)を 撮(と)る

→ A：

6. ここに 車(くるま)を 止(と)める

→ A：

낱말과 표현

すみません 죄송합니다
ガム 껌
かむ 물다, 씹다
大(おお)きい 크다, 큰
声(こえ) 목소리
話(はな)す 이야기하다
お酒(さけ) 술
飲(の)む 마시다
いたずらを する 장난치다
写真(しゃしん) 사진
撮(と)る 찍다
止(と)める 세우다

DATE : . .

B

A：髪(かみ)を 短(みじか)く 切(き)った 方(ほう)が いいですか。(髪(かみ)を 短(みじか)く 切(き)る)

B：いいえ、短(みじか)く 切(き)らない 方(ほう)が いいと 思(おも)います。

1 留学(りゅうがく)に 行(い)く

→ A：______________________

B：______________________

2 あそこで 働(はたら)く

→ A：______________________

B：______________________

3 恋人(こいびと)と 別(わか)れる

→ A：______________________

B：______________________

4 早(はや)く 結婚(けっこん)する

→ A：______________________

B：______________________

낱말과 표현

髪(かみ) 머리카락
短(みじか)く 짧게
切(き)る 자르다
留学(りゅうがく) 유학
あそこ 저곳, 저기
働(はたら)く 일하다
恋人(こいびと) 애인
別(わか)れる 헤어지다
早(はや)く 빨리
結婚(けっこん)する 결혼하다

DATE :　　.　　.

C

A：どうしたんですか。(ペットが 死ぬ)

B：ペットが 死んじゃったんです。

1 大事な コップを 割る

→ B：＿＿＿＿＿＿＿＿＿＿

2 試験中 寝る

→ B：＿＿＿＿＿＿＿＿＿＿

3 会議に 遅れる

→ B：＿＿＿＿＿＿＿＿＿＿

4 パソコンが 故障する

→ B：＿＿＿＿＿＿＿＿＿＿

낱말과 표현

ペット 애완동물
死ぬ 죽다
大事だ 소중하다, 중요하다
コップ 컵
割る 깨다
試験中 시험 중
寝る 자다
会議 회의
遅れる 늦다
パソコン 컴퓨터
故障する 고장 나다

unit 10 톡톡 펜맨십 본 책 145쪽

DATE : . .

한자

せつやく 節約 절약	せつやく 節約	せつやく 節約		
けいかくてき 計画的 계획적	けいかくてき 計画的	けいかくてき 計画的		
じゅぎょう 授業 수업	じゅぎょう 授業	じゅぎょう 授業		
けっせき 欠席 결석	けっせき 欠席	けっせき 欠席		
おこ る 怒る 화내다	おこ る 怒る	おこ る 怒る		

가타카나

ブランド 브랜드	ブランド	
レポート 리포트	レポート	
カード 카드	カード	

MEMO